LA INTERVENCIÓN DEL TRABAJADOR SOCIAL EN EL CENTRO HOSPITALARIO- RETOS PARA LA PROFESIÓN

LA INTERVENCIÓN DEL TRABAJADOR SOCIAL EN EL CENTRO HOSPITALARIO- RETOS PARA LA PROFESIÓN

CÉSAR M. GARCÉS CARRANZA, PhD

Número de Control de la Biblioteca del Congreso de EE. UU.:   2018901564
ISBN: Tapa Dura   978-1-5065-2335-4
             Tapa Blanda   978-1-5065-2334-7
             Libro Electrónico   978-1-5065-2333-0

Para realizar pedidos de este libro, contacte con:
Palibrio
1663 Liberty Drive
Suite 200
Bloomington, IN 47403
Gratis desde EE. UU. al 877.407.5847
Gratis desde México al 01.800.288.2243
Gratis desde España al 900.866.949
Desde otro país al +1.812.671.9757
Fax: 01.812.355.1576
ventas@palibrio.com
771068

ÍNDICE

Este libro está dedicado
a
Sofía y Vivian

INTRODUCCIÓN

El objetivo del siguiente trabajo es describir los diferentes modelos de intervención que son utilizados por los trabajadores sociales con los familiares de los pacientes que son admitidos en el hospital Bronx Lebanon, tanto en la sala de emergencia como en la Unidad de Cuidados Intensivos (UCI) y en las unidades de medicina general. Hago especial énfasis en la comunicación entre el trabajador social, el personal médico, los pacientes y sus familiares. Debido a la clase de trabajador social que soy, me aseguré de que tanto las necesidades emocionales de los pacientes como las de sus familiares fueran cumplidas, lo cual indica que con psicoterapia también resolví problemas que aparecieron como resultado de la admisión al hospital.

El Hospital Bronx Lebanon se encuentra ubicado en la ciudad de Nueva York, al sur del condado de El Bronx, el cual es uno de los vecindarios más pobres de los Estados Unidos y está compuesto por un grupo diverso de personas. Las calles están llenas de inmigrantes de casi todo el mundo. Además, los pobladores del sur de El Bronx viven con enfermedades crónicas, tales como: sida, asma, diabetes, colesterol, hipertensión, obesidad. También existen problemas psicosociales, entre estos: delincuencia, consumo de drogas ilícitas, alcohol, prostitución, desamparo (muchas personas viven en la calle), maltrato infantil y de adultos mayores, violencia doméstica. Según un informe de la Oficina de Censos de los Estados Unidos del año 2016, más del 38% de la población del sur de El Bronx, un cuarto de millón de personas, vive por debajo del nivel de pobreza. Los números son aun peor para los niños: un 49% vive en la pobreza. (Bronx Lebanon Hospital Center, Garcés, 2007).

La población demográfica del condado de El Bronx por grupos étnicos en Nueva York; 2010-2016

Raza	Población	% Total
Población total:	1,385,108	100
Hispanos o latinos	741,413	53
Negros o afroamericanos	505,200	36
Blancos	386,497	27
Algunas otras razas	351,011	25
Dos o más razas	73,243	5
Asiáticos	49,609	3
Indios americanos	18,260	1
Tres o más razas	5,849	menos de 1
Producido por el US Census Bureau por los años: 2010, 2011, 2012, 2013, 2014,2015 y 2016		

Mi intención en este libro fue descubrirme en la historia y las tradiciones del Trabajo Social, además de entender la función que otros trabajadores sociales han desempeñado antes de mí. Por otro lado, hice algo importante: exploré el ingreso del trabajador social en el sistema hospitalario, especialmente a la sala de emergencias, luego a la UCI, y finalmente a la unidad de medicina general. Por ejemplo, escribí acerca del Dr. Richard Cabot del Hospital General de Massachusetts en Boston, quien fue el primer médico que invitó, en el año 1905, a trabajadoras sociales al hospital para que hicieran intervenciones que nunca antes habían sido hechas por nadie.

Pero este libro no es acerca de la historia del Trabajo Social en los hospitales; no me quedé estancado en el pasado. Escribí acerca de lo que hice en el Hospital Bronx Lebanon, dado que mi experiencia en las diferentes unidades fue extensa y me siento orgulloso de la función que he desempeñado. He sido el mediador fundamental entre el personal médico, los pacientes y sus familiares. Generalmente, cuando las personas llegan al hospital se encuentran muy enfermas y, en su mayoría, con el riesgo de morir. Muchas veces, el personal médico no se puede comunicar con los pacientes o con sus familiares debido a la barrera del idioma (no hablan ni entienden inglés, verbalmente o por escrito). Quiere decir que, desde el momento en que el paciente es admitido en el hospital, tanto ellos como sus familiares se encuentran desconcertados y a obscuras. Todo lo relacionado con la condición del paciente es, de alguna manera, desconocido. Mi función, durante los últimos veintitrés años, ha sido ayudar a que muchos pacientes y sus familiares se recobren emocionalmente y coordinar servicios para su recuperación pos-thospitalaria. Por ejemplo, en la sala de emergencias he trabajado con niños maltratados física, emocional y sexualmente, con víctimas de violencia doméstica, de abuso sexual, de asalto, de accidentes de auto, con desamparados y vagabundos, entre otros. En la UCI, he sido el mediador y coordinador entre el personal médico y los pacientes, y he acompañado a los familiares durante el proceso de admisión de sus seres queridos. Los familiares son como bombas de tiempo, listas a explosionar debido a la situación crítica de los pacientes. En la unidad de medicina general, he sido el coordinador del plan de alta, asegurándome de que el paciente recibiera los servicios necesarios para así prevenir innecesarias readmisiones al hospital. Siempre estuve listo para intervenir y dar sentido y estabilidad emocional a toda situación volátil. Al igual que el personal médico que nunca abandonó a sus pacientes, tampoco yo (trabajador social) abandoné a los familiares. No solamente intervine, sino que también eduqué a los pacientes y a sus familiares. Hice uso del sentido común, con sensibilidad y entendimiento de los problemas emocionales que pudieran ocurrir. Esas fueron mis mejores herramientas. Una vez más, me siento orgulloso de haber sido parte de un grupo de expertos profesionales del Hospital Bronx Lebanon, del sur de El Bronx, Nueva York.

Escribí este libro porque creo que es importante que los trabajadores sociales hagan su contribución en la atención de los pacientes y sus familiares. Estoy seguro de que el valor y el reconocimiento de la intervención del trabajador social en el centro hospitalario ayudarán para que los trabajadores sociales formen una parte integral de este. Es mi opinión que los trabajadores sociales pertenecen a las salas de emergencias, a la Unidad de Cuidados Intensivos y a la unidad de Medicina General del hospital. Los trabajadores sociales proveen intervenciones concretas al igual que lo hacen las intervenciones clínicas. Por consiguiente, el trabajador social es el coordinador ideal del plan de alta del hospital, ya que sabe el historial psicosocial completo del paciente como ningún otro miembro del personal médico. Trabajo Social es una profesión que ha tenido que cambiar de dirección en numerosas ocasiones, y su historia es única. También ha tenido que hacer ajustes, pero siempre regresó más adaptada a las circunstancias. Trabajo Social en el área hospitalaria es una especialidad que tiene que ver con la problemática médica y social de los pacientes. El proceso de la hospitalización es un periodo crítico tanto para el paciente como para sus familiares, que en muchas ocasiones viven angustia e incertidumbre.

Espero que este libro sirva de guía a los trabajadores sociales en sus diarias intervenciones con pacientes y familiares, y que contribuya en sus esfuerzos de aliviar el sufrimiento y les de fuerza en sus actividades diarias, conocimientos de efectividad y sentido de bienestar social.

César M. Garcés Carranza, PhD
Trabajador Social

PRÓLOGO

A mis padres, Luis y Domitila

Escribir un libro es un reto, y el esfuerzo que la elaboración de este libro me ha traído ha sido una mezcla de estímulo, motivación, frustración, diversión y alegría. **Lo mejor de mi vida.**

Es siempre buena idea dar tributo a aquellos que nos han inspirado con nuestros proyectos. Yo no soy una excepción cuando se trata de esta buena idea, ya que varias personas me han inspirado a moldear mis ideas en la elaboración de este libro. Primero, tuve la oportunidad de trabajar en el Bronx Lebanon Hospital Center en el sur de El Bronx, Nueva York durante veinticuatro años (1989-2013). Es allí donde pude darle vida al lazo histórico entre los trabajadores sociales y el hospital. Además, en este hospital, el personal médico estaba siempre ocupado, tratando probablemente con todos los problemas médicos del mundo. Me dejaban solo para que registrara todo lo que tenía que ver con los problemas psicosociales de los pacientes que eran admitidos al hospital y con el plan de alta. No tenía un manual o libro de guía, pero fui el trabajador social en la Sala de Emergencia, en la Unidad de Cuidados Intensivos y en la Unidad de Medicina General por más de dos décadas. Tuve tiempo suficiente para darme cuenta de los retos que los trabajadores sociales enfrentan a diario en el hospital.

Primero, agradezco a mi querida Ellen, por su paciencia y por aguantar y soportar el tiempo que estuve fuera investigando y escribiendo este manuscrito, sin su apoyo emocional e intelectual, y su buen sentido común se me hubiera hecho imposible terminar este trabajo. A la Dra. Nilda Valentin por su amistad y apoyo intelectual. No olvido a mis hijos Nicholas, Rachel y David, y a mis lindas nietas *Sofía y Vivian* por su inspiración y motivación. A mis queridos hermanos, Hugo, Aníbal Eduardo, Cristina, Lucho, María Elena y Jorge; *estoy orgulloso de todos ellos*. Finalmente, agradezco a mis pacientes, porque son ellos los que me han ayudado a crecer intelectual y personalmente. Curiosamente, los pacientes me han enseñado el camino menos recorrido, porque sin ellos no sabría las cosas que hoy sé. Gracias a todos.

César M. Garcés Carranza, PhD.

CAPÍTULO UNO

Historia Cronológica de Trabajo Social

Trabajo Social, como profesión, tuvo su origen en el siglo XIX, principalmente en Inglaterra y en los Estados Unidos. Después del final del feudalismo, los pobres fueron vistos como una amenaza al orden social, por lo tanto el Estado formó y organizó un sistema de ayuda para atenderlos. En Inglaterra, la Ley del Pobre sirvió para clasificar al pobre en diferentes categorías: los pobres que podían trabajar, los imposibilitados y los haraganes. Este sistema desarrolló diferentes respuestas para ayudar a estos grupos de personas. La Revolución Industrial, que nace en Gran Bretaña y se extiende al resto de Europa durante los siglos XVIII y XIX, también trajo consecuencias sociales (Huff, D., 2008). Hubo grandes avances en conocimientos tecnológicos y científicos y, a la vez, grandes migraciones de personas a las zonas urbanas a través del mundo occidental. También a principios del siglo XIX llegó un gran avance "misionero" de muchas denominaciones protestantes. Algunos de los esfuerzos de estos misioneros se centraban en tratar de resolver los problemas heredados de las grandes ciudades, tales como la pobreza, la prostitución, las enfermedades y otras aflicciones sociales. En los Estados Unidos, los trabajadores sociales conocidos como "los amigos visitantes" eran pagados por la Iglesia y otras organizaciones de beneficencia pública para prodigar oraciones, enseñar el evangelio y dar alivio a las personas con problemas sociales (Huff,

D., 2008). En Inglaterra, los sacerdotes fueron asignados para administrar la misión de la Iglesia a los pobres.

Durante este tiempo, las sociedades de rescate se iniciaron con el propósito de encontrar una manera más adecuada para ayudar a las prostitutas. Los asilos psiquiátricos atendían a los enfermos mentales. Apareció una nueva filosofía de "beneficencia científica", la cual indicó que la beneficencia debía ser "secular, racional y empírica", contraria a la ortodoxa, la cual era sentimental y dogmática (Huff, D., 2008). A finales de la década de 1980, apareció un nuevo sistema para atender los problemas sociales, impulsado por movimientos comunitarios que se enfocaron en identificar las causas de la pobreza a través de la reforma, la investigación y la residencia (Huff, D., 2008). Estos movimientos ofrecían una variedad de servicios que incluían educación, ayuda legal y servicios médicos, y también abogaban por cambios en la administración social. Los administradores de estos movimientos comunitarios estuvieron interesados en la cultura de las personas a quienes querían ayudar (Huff, D., 2008).

En los Estados Unidos, los diferentes métodos de trabajo social llevaron a una pregunta fundamental: ¿Es Trabajo Social una profesión? Esta pregunta tiene su origen a comienzos del siglo XX, en el debate entre la Organización de la Sociedad de Beneficencia de Mary Richmond y el movimiento del hogar comunitario de Jane Adams. El interés de este debate era saber si el problema debía ser intervenido con el método tradicional y científico, con el enfoque eficiente y de prevención, o con el método del movimiento del hogar comunitario, profundizándose más en el problema, anulando las líneas entre el interventor y el cliente (Parker, O., Demiris, G., 2006). A pesar de que se abrieron muchas escuelas de Trabajo Social y se formalizaron para que la disciplina empezara su desarrollo, la pregunta continuó abierta. En 1915, durante la Conferencia Nacional de Beneficencias y Correcciones, el doctor Abraham Flechner habló sobre el tema: "¿Es Trabajo Social una profesión?". El doctor Flechner dijo que no, porque a esta le faltaba conocimiento especializado y la aplicación específica de teorías y conocimiento intelectual para resolver los problemas humanos y sociales (Lubobe, R., 1965). Esto condujo a la profesionalización de Trabajo Social, concentrándose en trabajo de casos y en el método científico.

I. El Origen de Trabajo Social en los Estados Unidos:

La profesión de Trabajo Social tiene su origen en los esfuerzos de la sociedad para combatir la pobreza y sus consecuencias. Por lo tanto, Trabajo Social está ligado a la idea de trabajo de bienestar social; pero debe ser entendido en términos amplios. El concepto de bienestar social se remonta a tiempos antiguos, y la práctica de ayudar al pobre y al necesitado tiene sus raíces en muchas civilizaciones y religiones del mundo (Leiby, J., 1979). Las primeras "amigas visitantes" eran voluntarias o misioneras, y la mayoría de ellas eran de la alta sociedad. Estas mujeres se esforzaban en reducir la carga pública de los pobres a través de servicios directos y con oraciones. Las amigas visitantes primero estudiaban e investigaban las solicitudes de ayuda y luego separaban a los solicitantes en diferentes categorías: los que merecían y los que no merecían ayuda. Luego, les daban apoyo emocional y los referían a diferentes lugares para que los ayudaran con sus problemas. La visita amistosa puso a muchos de sus miembros de la alta sociedad en cercanía con las otras clases sociales menos privilegiadas. Esta familiaridad, con frecuencia, ayudó a que los miembros de la alta sociedad comprobaran en diferentes situaciones cómo la explotación a los empleados y las malas condiciones de trabajo en compañías industriales eran con frecuencia la culpa de la pobreza, y no la falta de moral entre los pobres. Las visitantes empezaron a ver la pobreza como un problema más complejo de lo que ellas hubieran querido ver o creer (Leiby, J., 1979).

Elizabeth Blackwell fue la primera mujer en ejercer medicina en los Estados Unidos y creó el primer dispensario médico para mujeres y niños indigentes en 1853 (Elston, M. A., 2004-2008). El dispensario médico operó ofreciendo ayuda médica a las comunidades pobres del lado este de la ciudad, y luego se diversificó más allá de la enfermería básica, haciendo evaluaciones sociales y ofreciendo apoyo a las familias de la zona. En 1889 Jane Adams, quien era estudiante de medicina, creó un hogar para expatriados de las comunidades pobres de Chicago. El hogar era un centro para servicios a la comunidad y también tenía un programa de investigación social.

El Trabajo Social moderno en los Estados Unidos tiene su origen en la inmigración masiva del siglo XIX. Muchos de los inmigrantes llegaron primero a Nueva York y luego se mudaron a otras ciudades del este, donde la conglomeración de masas condujo a la aparición de problemas sociales y diversas enfermedades. Los precursores del trabajo social moderno se originaron en el dispensario médico de Blackwell y en el hogar de Adams mientras los profesionales de la salud empezaban a trabajar con ciertos problemas sociales y de salud (Gehlert, S., y Brown, T. A., 2006).

A medida que la administración y las actitudes de las organizaciones de bienestar social empezaron a cambiar, también lo hicieron las amigas visitantes. De la misma manera que las amigas visitantes empezaron a ser más sistemáticas y profesionales, hubo un acuerdo general indicando que ellas necesitaban más adiestramiento profesional. En 1891, el movimiento de la Organización de Beneficencia en Nueva York empezó a publicar e implementar nuevas ideas en este campo de práctica. Programas de adiestramiento bajo la dirección de profesionales tales como Mary Richmond se dieron a conocer alrededor del país. Mary Richmond fue pionera en la elaboración de propuestas teórico-metodológicas para la intervención profesional y la formación académica. En 1898, estas actividades culminaron con el establecimiento de la Escuela de Verano para la Filantropía Aplicada. Inmediatamente después, las amigas visitantes fueron reemplazadas por trabajadoras sociales profesionales. Al comienzo, las nuevas educadas y adiestradas amigas visitantes se identificaban como trabajadoras sociales. Las primeras trabajadoras sociales ampliaron sus destrezas al incluir otra clase de trabajo de bienestar social, expandiendo la práctica de trabajo de casos en instituciones de beneficencia infantil y corte juvenil. A comienzos del siglo XX, las amigas visitantes voluntarias de las primeras organizaciones de bienestar social desarrollaron lo que ahora se identifica como trabajo social de casos (Barker, R. L., 1998). Desde que la primera clase de Trabajo Social fue ofrecida por Columbia University durante el verano de 1898, los trabajadores sociales se han desempeñado desarrollando organizaciones de bienestar social para ayudar a personas necesitadas. Los trabajadores sociales continúan centrándose en las necesidades de la sociedad y mostrando los problemas sociales al país.

II. Trabajo Social en los Hospitales de los Estados Unidos:

Trabajo Social fue introducido en los hospitales de los Estados Unidos en 1905 por el doctor Richard Cabot, quien era en ese entonces jefe del Departamento de Medicina del Massachusetts General Hospital. El doctor Cabot fue un médico americano que promovió el avance de la hematología clínica; también fue un innovador en métodos de enseñanza y pionero en trabajo social (Gehlert, S., y Browne, T. A., 2006). El doctor Cabot también creó una de las primeras posiciones de trabajo social en el mundo, dándosela primero a Garmet Pelton, quien al enfermar de tuberculosis tuvo que retirarse. Lo sucedió en la posición Ida Cannon (Davidson, K.,1998; Beder, 2006).

En 1917, el doctor Cabot ocupó una posición en el Cuerpo de Reserva Médico por un año. En 1918 regresó al Massachusetts General Hospital y en 1919 ocupó la posición de presidente del Departamento de Ética Social en la Universidad de Harvard. Durante ese tiempo, el hospital acordó pagar el salario de las trabajadoras sociales, ya que hasta ese momento Cabot había estado pagando el salario de trece trabajadoras sociales durante doce años. Después, el doctor Cabot se retiró a escribir sus experiencias en un libro que tituló *Trabajo social* (Cabot, R., 1919). En 1918, la National Association of Social Workers (NASW, por sus siglas en inglés) fue establecida con el propósito de mejorar la relación entre la educación formal y la práctica en los hospitales. La función de las trabajadoras sociales en ese entonces era la de dar servicios sociales a los necesitados, pero los administradores querían que las trabajadoras sociales solo se encargaran de evaluar las necesidades sociales de los pacientes para darles alivio a los médicos y así evitar el abuso de los hospitales (Davidson, K., 1998).

En 1929 había diez cursos universitarios de Trabajo Social Médico. Durante ese tiempo, la psiquiatría y la psicología comenzaban a competir con Trabajo Social con el propósito de substituirlo en los hospitales. Trabajo Social pudo adaptarse a los hospitales y se vinculó más de cerca con las ideas psicoanalíticas, por lo que empezó a interesarse menos por los problemas sociales. Al separarse de los problemas sociales, Trabajo Social agregó una base más científica para tratar con pacientes, y las conductas desafiantes pudieron ser observadas como problemas emocionales en vez de por falta de carácter moral. Al final de la década de 1930, Trabajo Social se había transformado y había logrado ser un componente fundamental de la sociedad (Barker, R., 1998). El aumento de los gastos sociales y la proliferación de programas públicos influyeron para que muchas personas ejercieran la profesión de Trabajo Social. Las consecuencias de la Segunda Guerra Mundial dieron como resultado el aumento de trabajadores sociales que fueron contratados a través de programas sociales. Muchos trabajadores sociales tenían experiencias diferentes de las de sus compañeros de los programas de beneficencia social (Barker, R., 1998).

Trabajador Social en el Centro Hospitalario:

1. **Comunica**: enfatiza la comunicación entre el personal médico, los pacientes y sus familiares, y se cerciora de que sean atendidas debidamente sus necesidades.
2. **Ofrece apoyo emocional** (psicoterapia): se centra en los problemas psicosociales y las necesidades emocionales que los pacientes y sus familiares puedan tener.
3. **Aboga por los derechos de los pacientes**: se asegura de que el hospital ofrezca servicios de alta calidad.
4. **Vincula**: se cerciora de que los recursos relevantes y disponibles que puedan unir al paciente y a sus familiares sean los más adecuados.
5. **Aconseja**: personaliza las interacciones y entiende los sentimientos, actitudes y conductas de los pacientes y de sus familiares.
6. **Interviene**: media entre los pacientes y el personal médico.
7. **Coordina**: organiza servicios para los pacientes y sus familiares.
8. **Educa**: transmite conocimiento, enseña temas relacionados con los derechos de los pacientes y acerca de las decisiones de atención médica, incluyendo el final de la vida.

Desde hace mucho tiempo, la literatura acerca del trabajo social en los hospitales está advirtiendo a los trabajadores sociales para que demuestren su efectividad si es que quieren mantener su trabajo en este sistema. Actualmente, existe evidencia de que el trabajo social no es reconocido ampliamente como un factor clave en los hospitales (Garcés, 2002). Rher, H., Blumenfield, S., y Rosenberg, G. (1998) indicaron los siguientes factores como barreras para que la profesión de Trabajo Social tuviera una posición firme en el campo hospitalario:

1. Su asociación con personas pobres.
2. Su percepción como rival para el personal médico.
3. Su falta de éxito en demostrar la efectividad del costo de sus servicios.
4. Su percepción como ineficiente para resolver los problemas sociales (lo cual requiere de poderes más allá del trabajo social).
5. Su falta de datos para desarrollar mejores prácticas de intervención y mejorar la política de la salud social, el no poder emplear procesos de administración y la ausencia de colaboración eficiente con otros profesionales para tratar los problemas psicosociales de la salud.

Durante muchos años, se había llegado a la conclusión de que las funciones del trabajador social estaban mejor desempeñadas por el Departamento de Trabajo Social dentro del hospital (Auslander, G., 2000); pero en varios lugares alrededor del mundo, esta lógica era cuestionada. Debido a que los departamentos de trabajo social dentro de los hospitales no generan ingresos económicos, estos han sido vulnerables a recortes de personal o eliminados. Colegas de la comunidad de medicina, enfermería, psiquiatría y psicología no tienen una idea clara de lo que los trabajadores sociales hacen en los hospitales, suficiente como para saber que lo que ellos hacen es difícil, misterioso, y algunas veces peligroso. Algunos no tienen el concepto de lo que los trabajadores sociales hacen y no entienden cuando se les trata de explicar. Curiosamente, los trabajadores sociales tienen conocimiento de lo que los médicos, enfermeros, psiquiatras y psicólogos hacen. Con frecuencia, al Trabajo Social se le considera como una profesión invisible.

Los trabajadores sociales en los centros hospitalarios necesitan educar al personal médico, a otros profesionales de la salud y al público acerca de su contribución en la atención de los pacientes y sus familiares y a la eficiencia del sistema para alcanzar este objetivo. La educación va a enfatizar no solamente el contenido y el propósito de la intervención del trabajador social en las diferentes áreas de su labor, sino también su habilidad de demostrar y comunicar esas intervenciones al personal médico y a otros profesionales de la salud. Los trabajadores sociales deben usar este entendimiento para reflexionar en la evaluación de sus intervenciones y acerca de su relación con otros profesionales de la salud. A través de la investigación y análisis de planeamiento, pueden establecer un claro dominio de su práctica en el complejo centro hospitalario.

Conclusión:

Para entender el origen de la profesión de Trabajo Social es necesario remontarse a la Inglaterra del siglo XVIII, donde se sientan las bases del bienestar social en la creación de servicios de trabajo social. En la historia de la profesionalización de Trabajo Social se destacan Flexner, A. (1915); y Greenwood, E. (1957) quienes en dos momentos diferentes de dicho proceso evolutivo plantean el nivel del profesionalismo alcanzando por Trabajo Social. Greenwood, a diferencia de Flechner, concluye que el trabajo social es una profesión ya que reúne los siguientes requisitos:

1. Cuenta con un cuerpo sistemático de teorías que sustenta su quehacer.
2. Tiene autoridad profesional que emana del dominio de una teoría.
3. Tiene el conocimiento comunitario de que la profesión es válida.
4. Posee un código de ética que rige la conducta de sus miembros, cuenta con una cultura profesional consistente en un vocabulario y metodología profesional.

Trabajo Social es una profesión y disciplina académica que está comprometida con la mejora del bienestar social de las personas, los cambios sociales y la justicia social. Esta profesión trabaja en la investigación y práctica para mejorar la calidad de vida de los individuos, grupos y la comunidad. Trabajo Social desarrolla intervenciones a través de investigaciones, administración, organizando comunidades, práctica directa y educación. La investigación, con frecuencia, se enfoca en áreas como desarrollo humano, administración social, administración pública, programas de evaluación y desarrollo de la comunidad. Los trabajadores sociales están organizados en grupos profesionales locales, nacionales e internacionales. La dprofesión de Trabajo Social es un campo interdisciplinario que incluye teorías de economía, educación, sociología, medicina, filosofía, antropología y psicología (NASW, 2002). Trabajo Social basa su metodología en el campo sistemático de la evidencia sobre la base del conocimiento derivado de la investigación y evaluación de la práctica, incluyendo conocimientos propios con un contenido específico. Reconoce también la complejidad de las interacciones entre las personas y su medio ambiente, y la capacidad de los individuos para ser afectados y alterar las múltiples influencias sobre ellos, incluyendo los factores psicosociales. La profesión de Trabajo Social extrae conceptos de las teorías de desarrollo humano, de la teoría social y de las teorías de los sistemas sociales para analizar situaciones complejas y facilitar los cambios individuales de organizaciones sociales y culturales (Definition of Social Work, 2000).

Durante más de un siglo, la profesión de Trabajo Social se ha desarrollado y reinventado en respuesta a los cambios sociales y económicos, manteniendo su enfoque sobre la defensa de las necesidades de los segmentos más vulnerables de la sociedad y el mejoramiento de su bienestar. Los trabajadores sociales constituyen el mayor número de profesionales que laboran en las áreas de salud médica y salud mental, en el sistema de educación, en el sistema judicial, en los servicios para familias de diferentes grupos étnicos y culturales, y en hogares para ancianos y centros de rehabilitación por alcoholismo y abuso de drogas (NASW, 2002). Trabajo Social continúa buscando crecer dentro de la jerarquía profesional de manera que pueda también gozar del prestigio, la autoridad y el monopolio que en el presente pertenecen a las profesiones más destacadas, como Medicina, Psiquiatría y Psicología.

Bibliografía

Auslander, G. K. (2000). Outcome of social work intervention in health care, *Social Work in Health Care*, 31 (2), 31-46.

Barker, R. L. (1998). *Milestones in the Development of Social Work and Social Welfare*. Washington, D.C: NASW.

Beder, J. (2006). *Hospital Social Work: The Interface of Medicine and Caring*. New York: Routledge.

Cabot, R. C. (1919). Social Work Webpage: Google-Books-dsC.

Cowles, L. A. (2000). *Social Work in the Health Field: A Care Perspective*. New York: The Haworth Press.

Davidson, K. (1998). Role Blurring and the Social Worker's Search for a Clear Domain. *Health and Social Work*, *15*, 228-234.

"Definition of Social Work". (2000). IFSW General Meeting in Montreal, Canada. International Federation of Social Workers. 04-10-2005. Recuperado de http://ifsw.org/policies/definition-of-social-work/

Elston, M. A (2004-2008). "Blackwell, Elizabeth (1821-1910)". Oxford Dictionary of National Biography, Oxford University Press.

Flexner, A. (1915).s social work a profesision? Social Welfare History Project. Retreived from http//socialwelfare.library.vcu.edu/social-work-a-profession-195/

Garcés, C. (2002). The Social Worker in the Emergency Room. Doctoral Dissertation. Yeshiva University. New York.

Gehlert, S. (2006). Capítulo dos: The Conceptual Underpinnings of Social Work. En Gehlert, S. y Browne, T. (Ed.). *A Handbook of Health Social Work*. New Jersey: WILEY.

Greenwood, E. (1957). Attributes of a Profession. Social Work. Volume 2, Issue 3.

Huff, D. (2008). Capítulo uno: Scientific Philanthropy (1860-1900) y Capítulo 2: Settlements (1880-1900). *The Social Work History Station*. (pp 02-20). Idaho: Boise State University.

Leiby, J. (1979). *A History of Social Welfare and Social Work in the United States*. New York: Columbia University Press.

Lubove, R. (1965). *The Professional Altruist: The Emergence of Social Work as a Career*. pp. 1890-1930. Cambridge: M. A. Harvard University Press.

National Association of Social Workers [NASW] (2000). Code of Ethics. Washington, D. C.

National Institute of Mental Health. (1991). Building Social Work Knowledge for Effective Services and Policies. Washington D. C.

Parker, O., Demeris, G. (2006). "Social Work Informatics: A New Specialty". Social Work. National Association of Social Workers (NASW). *51*(2), 127-134.

Rher, H., Blumenfield, S., y Rosenberg, G. (1998). *Creative Social Work in Health Care: Clients, the community and your organization.* New York: The Mount Sinai Medical Center Press.

Wrenn, K., Rice, N. (1993). Social Work Services in the Emergency Department: An Integral of Health Care Safety Net. Academy of Emergency Medicine, I, 247-253. XVI.

CAPÍTULO DOS

Intervenciones del Trabajador Social en el Centro Hospitalario y el Plan de Alta

Es importante que los trabajadores sociales hagan saber al personal médico (médicos/enfermeros) del hospital donde laboran, administradores y al público acerca de la importancia y valor de sus intervenciones con los pacientes y sus familiares. Los trabajadores sociales son parte integral del sistema hospitalario; los servicios son proporcionados a individuos, familias, poblaciones de grupos especiales, comunidades y programas de salud y de educación (NASW, 2002).

¿En qué se basa la intervención en Trabajo Social?

La intervención en Trabajo Social se basa en los fundamentos éticos y epistemológicos, desde un enfoque global, plural y de calidad. La intervención tiene como objetivo asistir a las personas para aliviar y resolver sus problemas. En el centro hospitalario, el trabajador social provee intervenciones concretas e intervenciones clínicas.

Intervenciones Concretas:

Son aquellas que se resuelven alrededor de la información y las actividades de los pacientes que son referidos para ser evaluados por el trabajador social. Estas intervenciones incluyen el conectar al paciente y los miembros de la familia con los recursos disponibles. Por ejemplo, asistiendo con la coordinación de los servicios de admisión al hospital y con el plan de alta, la atención a los familiares del paciente durante todo el proceso, incluyendo la facilitación de servicios de transporte si fuera necesario, o la asistencia personal en el lugar de residencia y accesorios médicos (sillas de rueda, bastones, oxígeno, muletas, ropa, entre otras cosas).

Dentro de las intervenciones concretas, se detallan las siguientes:

1. Diagnóstico de elegibilidad para servicios sociales.
2. Asistencia para obtener equipo médico en el hogar.
3. Interpretación de los sentimientos de los pacientes/familiares al personal médico.
4. Mediación entre el personal médico y el paciente/familiares.
5. Conducción de estudios de preparación de alta del hospital.
6. Educación de los familiares de los pacientes para que entiendan la condición del paciente.

Intervenciones Clínicas:

Son aquellas intervenciones psicoterapéuticas que tienen que ver con las relaciones interpersonales entre el trabajador social, los pacientes y los miembros de la familia. El enfoque es en actitudes, sentimientos, emociones, percepciones y decisiones. Frecuentemente, estas intervenciones son enfocadas en los pacientes y sus familiares, con problemas que puedan estar relacionados con su adaptación a la admisión al hospital, la aceptación de la enfermedad, el diagnóstico, el pronóstico de recuperación y el plan de tratamiento.

Dentro de las intervenciones clínicas, se detallan las siguientes:

1. Evaluación de problemas psicosociales.
2. Evaluación de problemas emocionales.

3. Intervención de crisis.
4. Psicoterapia.
5. Educación al personal médico acerca de los problemas psicosociales del paciente.
6. Educación al personal médico acerca de los problemas emocionales de los pacientes.

Trabajo Social en la Sala de Emergencia:

Es una especialidad que no es tradicional, que implica el trabajar con médicos y enfermeros cuyo enfoque es en enfermedades y traumas en lugar de problemas psicosociales (Elliot, 1987). El trabajador social colabora con el personal médico identificando los problemas psicosociales de los pacientes, no solamente el problema que ellos presentan cuando llegan a la sala de emergencia (Mizrahi, T., y Abramson, M., 2000). El trabajador social contribuye también en la eficiencia de la operación de la sala de emergencia ayudando a los pacientes y sus familiares a superar la crisis en situaciones de muerte súbita, abuso y violencia (como por ejemplo, cuando se trata de niños o ancianos maltratados, ya sea por extraños o por sus familiares, o personas sin domicilio permanente (vagabundos) y/o con problemas de alcohol y substancias ilícitas), así como también coordinando el plan de alta de los pacientes que son admitidos al hospital.

Trabajo Social en la Unidad de Cuidados Intensivos (UCI):

Al igual que en la sala de emergencia, esta es una especialidad que no es tradicional y que implica, en la mayoría de las veces, trabajar con los familiares, ya que los pacientes no pueden ser entrevistados debido a su condición crítica mayormente están conectados a equipo médicos (respiradores y/o monitores). En la UCI, el trabajador social colabora con el personal médico identificando las necesidades emocionales de los familiares, ayudándolos a que tengan la oportunidad de hacer preguntas, a que expresen sus emociones, preocupaciones y temores acerca de sus seres queridos, asistiéndolos también para superar la crisis, ofreciéndoles apoyo psicoterapéutico, así como también ayuda con decisiones de atención médica, como la de resucitar o discontinuar el tratamiento médico, ofreciendo educación acerca de servicios paliativos y de hospicio.

Trabajo Social en la Unidad de Medicina General:

A diferencia de la sala de emergencia y de la UCI, generalmente esta especialidad implica que el trabajador social trabaja y colabora con los otros sistemas que están afuera del hospital, tales como centros para el adulto mayor, centros de rehabilitación de substancias ilícitas (drogadicción), centros de rehabilitación física, entre otros. Mayormente, la función del trabajador social en esta unidad tiene que ver con el plan de alta del hospital una vez que el paciente se ha recuperado y ya no necesita continuar hospitalizado. Algunos pacientes pueden necesitar servicios de atención personal en su casa, así como también equipos médicos (silla de ruedas, andador, bastón, muletas, equipos de oxígeno portátil, etc.). Algunos pacientes pueden también necesitar ser referidos a centros de rehabilitación médica o física; otros, a instituciones cuando no hay familiares disponibles que puedan asistirlos en su lugar de vivienda. Cuando algunos pacientes no tienen seguro médico o los recursos para pagar su hospitalización, el trabajador también los refiere a la oficina correspondiente. En situaciones cuando los pacientes no tienen lugar de residencia permanente, el trabajador social lo refiere a los albergues disponibles de la comunidad.

El Trabajador Social en el Centro Hospitalario:

1. Comunica, enfatizando la comunicación entre el personal médico, los pacientes y sus familiares.
2. Ofrece asistencia psicoterapéutica a los familiares de los pacientes.
3. Defiende los derechos de los pacientes, asegurándose de que el hospital ofrezca servicios de calidad a los pacientes y sus familiares.

4. Se asegura de que los recursos disponibles sean los más apropiados para los pacientes y sus familiares.
5. Coordina servicios sociales y psicológicos para pacientes y sus familiares cuando son necesarios.
6. Educa y transmite conocimiento acerca de los derechos de los pacientes sobre decisiones de atención médica, y cómo designar a un representante en caso de no poder hacerlo debido a la condición médica.

La revisión de literatura acerca de la práctica del trabajo social en centros hospitalarios desde el año 1967 hasta el año 2015, demuestra que todavía existe poco conocimiento acerca de los programas universitarios de Trabajo Social, especialmente en las salas de emergencia, unidades de cuidados intensivos y de medicina general en centros hospitalarios de los Estados Unidos. La intervención eficiente del trabajador social en el hospital depende en su mayoría de cómo otros profesionales de la salud perciben al trabajador social, así como también a la profesión. Aquellas personas fuera de la profesión pueden no estar familiarizadas con la variedad de servicios y de intervenciones que son proporcionados por los trabajadores sociales. El hospital puede limitar al trabajador social a proporcionar solamente intervenciones concretas (diagnosticar para la elegibilidad para servicios sociales, ayudar a obtener equipo médico, ropa, pasajes para el transporte público, hacer llamadas telefónicas por los pacientes, entre otras cosas), desaprovechando las destrezas clínicas del trabajador social, como la asistencia de los pacientes y sus familiares a superar el impacto emocional de la enfermedad y de la admisión al hospital. Falta de conocimiento y de entendimiento acerca de lo que el trabajador social hace en el hospital puede ser causa de conflictos en la colaboración con los otros profesionales al proveer servicios a los pacientes.

Como fue mencionado por Davidson, K. (1998) y Cowles, L.A. (2000), el Trabajo Social en el centro hospitalario ha desarrollado una fuente de conocimientos y ha influenciado en mejorar la atención médica del paciente, promoviendo el componente psicosocial en la atención médica. La razón por el desacuerdo acerca de la función del trabajador social en el centro hospitalario es evidente cuando otras expectativas son comparadas, inclusive en estudios anteriores. Las experiencias interdisciplinarias no van a tener resultados positivos si los otros profesionales no reconocen la autoridad única del trabajador social o su experiencia profesional y no comparten sus percepciones y su dominio de la profesión. La medicina es una profesión autónoma y, dentro de sus acciones impuestas por la sociedad, mantiene una jerarquía superior sobre otras disciplinas que son consideradas "de baja posición" como lo es el trabajo social.

Además, los trabajadores sociales en su mayoría hacen poca promoción acerca de la profesión o de sus funciones. Las destrezas, habilidades y contribuciones de los trabajadores sociales en el centro hospitalario no son invisibles. La habilidad y capacidad emocional que se requiere para estar en una habitación del hospital con un paciente que se encuentra sufriendo por la enfermedad, o enojado, y permanecer con la mente clara asistiendo estratégica y profesionalmente, es una destreza que se desarrolla a través de la educación profesional y los años de experiencia. La intervención del trabajador social con una familia problemática, con diferentes organizaciones de la comunidad y diferentes profesionales de la salud es una destreza adquirida. La intervención de psicoterapia con personas que sufren de problemas emocionales, con situaciones de crisis emocionales, con víctimas de violencia doméstica, entre otras circunstancias, es un arte. Las habilidades de escuchar, pensar, intervenir, abogar, mediar, consultar, planear, educar y aconsejar que tienen los trabajadores sociales están diseñadas con el fin de mover obstáculos y resolver los problemas que los pacientes encuentran diariamente en el centro hospitalario.

El trabajador social utiliza el modelo de *persona y familia* durante la evaluación y elaboración del plan de tratamiento, el cual es diferente del modelo médico, cuyo enfoque son los problemas fisiológicos. La revisión de la literatura de la historia de la profesión de Trabajo Social y de sus conceptos básicos demuestra que muchos de los principios técnicos de esta profesión son compatibles con otras profesiones de la salud, en lo que se refiere a los mandatos de alta calidad, ética profesional, orientación profesional y costo eficiente (Cowles, L. A., 2000).

El tipo de intervención del trabajador social en el hospital es seleccionado teniendo en cuenta la particularidad de los problemas y las necesidades de los pacientes. Las intervenciones son determinadas sobre la base del resultado de la evaluación psicosocial:

1. **Intervención y desarrollo:** debe ser conducida para el desarrollo y modelo de intervención, así como también para la identificación de los obstáculos para su implementación en la institución.

2. **Coordinación y colaboración entre sistemas:** necesarias para la efectividad de la intervención.

3. **Convenio con los pacientes:** es necesario debido al reto de trabajar con personas enfermas y desconfiadas, con usuarios de múltiples servicios y con personas de diferentes grupos étnicos y socioculturales.

4. **Medidas de temas y nuevos avances para el diseño y evaluación:** son necesarios para identificar los objetivos en las personas que utilizan los servicios del hospital, identificar la dinámica entre el trabajador social y el paciente/familia (¿qué ocurre en la intervención?), identificar las diferencias que existen en el lugar de la práctica profesional del trabajador social.

5. **Colaboración profesional:** los trabajadores sociales en estudios de investigación deberían unirse de una manera eficaz con investigadores de otras disciplinas (medicina, enfermería, psiquiatría, psicología) para mejorar el conocimiento y la efectividad de su intervención en el centro hospitalario.

Definición del Plan de Alta del Hospital:

El plan de alta es una herramienta importante para la evaluación y coordinación de la atención médica, incluyendo hospitales, centros de residencia para adultos mayores, centros de rehabilitación, servicios de atención en el domicilio, servicios de programas paliativos (Center for Medicare Advocacy, Inc. 2009). Lo que actualmente constituye el plan de alta del hospital está en debate, y con frecuencia este depende del lugar. Este término se refiere al proceso de unir al paciente con los recursos disponibles para la continuación de servicios al paciente. El plan de alta en Trabajo Social es una nueva faceta que implica unir al paciente con los recursos disponibles fuera del hospital para, de esa manera, darle continuidad de servicios al paciente.

El proceso del plan de alta del hospital empieza en el momento que un determinado paciente es admitido al hospital, y esto tiene el beneficio de evitar errores innecesarios y retrasos en el tratamiento médico. La literatura en este tema demuestra que el plan de alta ha sido estudiado por investigadores de enfermería durante varios años, especialmente desde que se implementaron los esfuerzos para disminuir el tiempo que duraba la hospitalización (Hager, J. S., 2010). El tiempo promedio de pacientes hospitalizados ha sido reducido a tres días en todos los diferentes grupos de edades, y a siete días para aquellos pacientes de edad avanzada desde 1970. En su respuesta al recorte de días de hospitalización, los investigadores reconocieron y reportaron que existen algunos vacíos entre el hospital y las agencias de la comunidad que están a cargo de la continuación de los servicios de atención médica, envío de información acerca del paciente entre los proveedores de servicios, educación acerca de lo que implica el plan de alta.

Según Foster, A, J., Peterson, J. F., Ghandi, T., y Bates, D. W. (2003), existen reportes de pacientes describiendo la falta de su inclusión en el proceso del plan de alta, familiares haciendo preguntas acerca de su capacidad para atender al paciente en la casa, la falta de recursos en la comunidad tales como servicios de salud pública o agencias de servicios domésticos que puedan asistir a los pacientes en su casa, ya sea ayudando con la limpieza o suministrando medicamentos, terapia física, etc.

En otro estudio hecho por Foster, A.J., Clark, H.D., Menard, A., Dupuis, N., y Chandok, N. (2004), reportan que casi el 25% de los pacientes que fueron dados de alta del hospital sufrieron reacciones de eventos que fueron asociados con incapacidad física, y la mitad requirió de servicios adicionales tales como terapia física o respiratoria en centros de rehabilitación. Otros eventos adversos al tratamiento médico incluyeron errores en las órdenes de los medicamentos, infecciones, confusión acerca del proceso del plan de alta y la falta de continuidad en el tratamiento médico.

Muchas veces, la falta de coordinación y adaptación a los problemas psicosociales por parte del equipo interdisciplinario trae como consecuencia el retraso en el proceso del plan de alta. La disponibilidad de los servicios después de que el paciente ha sido dado de alta son medidas relevantes de un resultado positivo, y el trabajador social contribuye con una perspectiva importante en este proceso, coordinando y desarrollando un plan de alta seguro y beneficioso tanto para el paciente así como también para el hospital. El plan de alta se desarrolla basado en niveles adecuados para la continuidad de la atención médica. También está incluido el intercambio de información con otros proveedores de servicios médicos y no médicos (sillas de ruedas, oxígeno, atención en la casa, etcétera). En el actual sistema hospitalario, los pacientes son dados de alta prematuramente. La determinación del plan de alta y quién va a recibir servicios sociales va a ser responsabilidad de los trabajadores sociales.

La profesión de Trabajo Social debe abogar para mejorar la educación con respecto al plan de alta del hospital al aplicar un marco de trabajo-intervención, y transformar los asuntos que lo afectan de manera negativa. Primero, los trabajadores sociales deben intervenir para aliviar o mejorar los problemas psicosociales, al familiarizarse con estos temas. Segundo, los trabajadores sociales deben reflexionar sobre estos problemas y preguntarse: ¿por qué los pacientes son dados de alta del hospital sin una adecuada educación sobre el plan de alta?

Destrezas que son Necesarias del Trabajador Social para el Plan de Alta del Hospital:

1. Tener la destreza de trabajar en colaboración con otros miembros del equipo interdisciplinario que trabaja directamente con el paciente.
2. Tener destrezas clínicas de evaluación.
3. Tener habilidad de comunicación con el personal médico, los pacientes, sus familiares y con miembros de la comunidad.
4. Tener destreza de colaborar profesionalmente con otros miembros del equipo interdisciplinario.

5. Tener destreza de establecer relaciones terapéuticas con pacientes y sus familiares.

6. Tener destreza de abogar por los derechos de los pacientes, especialmente cuando se han identificado problemas que puedan comprometer el plan de alta y pongan al paciente en peligro.

Ejemplo:

El médico tratante reporta al equipo interdisciplinario que una señora de 87 años va a ser dada de alta del hospital debido a que su estado de salud ha mejorado y ya no es necesario que se quede más tiempo hospitalizada. Después de evaluar las condiciones psicosociales de la paciente, el trabajador social determinó que la mujer no tenía la capacidad física y emocional ni familiares que pudieran asistirla en su hogar, por lo cual recomendó retrasar el plan de alta hasta contar con los recursos disponibles. Al evitar que la paciente se vaya a su casa sin servicios, se evita que pueda sufrir consecuencias de riesgo. En situaciones como estas, la función del trabajador social es informar al personal médico que, antes de dar de alta a los pacientes, se debe elaborar un plan de alta adecuado, tratando inclusive de encontrar familiares y servicios disponibles. Es precisamente en estos casos que los trabajadores sociales comprueban y demuestran su valor profesional al poner las necesidades de los pacientes por encima de otras consideraciones.

Decisiones Éticas en el Plan de Alta:

Kadushin, G., y Egan, M. (2001) formularon que las decisiones éticas del plan de alta representan un proceso de acción de los dilemas éticos del trabajo social. Este proceso consiste en determinar si existen conflictos, ya sea que haya ocurrido un daño, y entonces desarrollar un plan de acción, como en el caso antes mencionado. Como menciona Reamer, F. (1985), "hacer decisiones de carácter ético es un proceso, y los trabajadores sociales deben tener en consideración los valores, principios y niveles de este código". Parece que cuando se presentan dilemas éticos, el nivel del código con respecto a la colaboración interdisciplinaria y protocolo sería un tema crítico de referencia y podría ayudar a los trabajadores sociales cuando se encuentren en situaciones difíciles.

¿Qué son Dilemas Éticos?

KadushinG., y Egan, M. (2001) definen dilemas éticos a aquellos que ocurren cuando es necesario escoger entre situaciones que son contradictorias. Los dilemas éticos presentan conflictos entre trabajadores sociales, otros miembros del personal médico, agencias de la comunidad, pacientes, administradores y el hospital. Según la NASW (2000), los trabajadores sociales operan bajo extensos principios éticos, los cuales se basan en seis tipos de valores:

1. Servicio
2. Justicia social
3. Dignidad y valor de la persona
4. Importancia de las relaciones humanas
5. Integridad
6. Competencia profesional

Según Cole, P. L. (2012) y Sparks, J. (2006), antes de tratar de identificar, entender y hacer comentarios acerca de dilemas éticos, los trabajadores sociales deben examinar primero sus valores personales. Entender las diferencias de los valores individuales tiene una relevancia especial en la manera en que los profesionales se relacionan con pacientes, ya que operan con posiciones de valores que son diferentes a la de ellos. En el ambiente hospitalario de Trabajo Social, no solo es importante el aspecto clínico y ético de la profesión, que es el producto de la práctica, sino la demanda de una respuesta razonable hacia un análisis ético al tomar decisiones.

Los avances en la tecnología médica y los asuntos relacionados con la ética afectan diariamente la práctica de Trabajo Social. Tradicionalmente, la función del trabajador social estaba enfocada en desarrollar un variado plan post-hospitalario que reuniera las necesidades médicas y psicosociales de los pacientes. Estos temas, con frecuencia se le presentan al trabajador social con la tarea de iniciar decisiones éticas y demostrar competencia ética, lo cual se puede lograr utilizando un proceso razonable para una resolución ética (Reamer, F., 1985; y Boland, K. 2006). La reducción del tiempo que los pacientes se pueden quedar hospitalizados, el inadecuado plan de alta, la falta de disponibilidad de recursos y los retrasos en el plan de alta crean conflictos éticos cuando el trabajador social trata de balancear las necesidades del paciente con las del hospital, las compañías de seguros médicos, los familiares del paciente y el personal médico (Abramson, M., 1981; Cummings, S., Cockerman, 1997; C., y Boland, B.,2006).

Conclusión:

Los trabajadores sociales en centros hospitalarios necesitan educar al personal médico, a los administradores, al público y a otros profesionales de la salud acerca de su contribución en la atención de los pacientes y sus familiares y en la eficiencia del sistema de salud. Esta educación debe enfatizar no solamente en el contenido y el propósito de la intervención del trabajador social en las diferentes áreas del hospital, sino también en sus destrezas, demostrando y comunicando acerca de sus intervenciones. El trabajador social debe utilizar este entendimiento para reflexionar y evaluar sus intervenciones y su sagacidad en nuevos enfoques acerca de su relación y colaboración con los otros profesionales del centro hospitalario. El trabajador social, con precisión y un cuidadoso análisis de planeamiento, puede establecer un claro dominio de su práctica en el complejo centro hospitalario.

La intervención del trabajador social en el centro hospitalario especialmente en la Sala de Emergencia, la Unidad de Cuidados Intensivos y las Unidades de Medicina General es una especialidad que no es tradicional, y es donde se necesita más conocimiento. A pesar de esto, estudios de investigación hechos por trabajadores sociales en estas áreas de especialización son limitados, especialmente si se compara con investigaciones hechas por otras disciplinas, tales como medicina, enfermería, psiquiatría y psicología. Hasta la fecha, no se han conducido estudios empíricos acerca de la efectividad de la intervención del trabajador social en el centro hospitalario. Existe la necesidad, por parte de la profesión así como también por parte de los trabajadores sociales, de aclarar su función y la intervención en el centro hospitalario. Debido al énfasis de la intervención del trabajador social con los pacientes y sus familias, su colaboración con otros profesionales de la salud y otros sistemas dentro del centro hospitalario, se puede postular que el trabajo social tiene una importante oportunidad para hacer contribución de práctica profesional. Para poder continuar con el proceso que hasta ahora se ha desarrollado, los trabajadores sociales deben definir su función dentro del ambiente hospitalario, mientras que simultáneamente deben preservar sus valores, conocimientos, destrezas y ética profesional.

El plan de alta se debe iniciar en el momento en que una persona es admitida al hospital, con inclusión de la familia en el proceso, con la identificación de obstáculos y los objetivos del plan de alta. Esto ayudaría a que el trabajador social se enfocara en identificar los problemas psicosociales y también a reducir admisiones innecesarias. Los temas de ética profesional en el sistema hospitalario continúan siendo un reto para los trabajadores sociales. El proceso y las estrategias para las resoluciones éticas necesitan ser más estudiados y aclarados para así poder entender la resolución de opciones que son utilizadas por los trabajadores sociales al identificar situaciones éticas durante el proceso del plan de alta del hospital.

Con frecuencia, los trabajadores sociales tienen muchos casos que atender y cumplir con las fechas que son ordenadas por la administración para poder coordinar los servicios necesarios para los pacientes. Con respecto al plan de alta del hospital, el trabajador social tiene una función que demanda mucha tensión física y emocional. A menudo, los trabajadores sociales trabajan con casos complejos que tienen que ver con personas que llegan al hospital con múltiples problemas médicos y psicosociales, y que requieren de intervención y evaluación inmediata. No es fuera de lo común que los trabajadores sociales traten con casos de personas sin lugar donde vivir (desamparados, vagabundos), desempleados, sin dinero para subsistir, sin seguro médico, delincuentes, alcohólicos, drogadictos, víctimas de violencia doméstica, con problemas psiquiátricos, entre otros. Cualquiera de estos problemas, juntos o separados, pueden impedir o retrasar el alta del hospital. Es por eso la importancia de completar la evaluación de las necesidades psicosociales del paciente al inicio de la admisión al hospital.

Para continuar con el avance hasta ahora adquirido por los trabajadores sociales, debemos proseguir con la redefinición y reconceptualización del Trabajo Social al definir nuestra función dentro del cambio del sistema hospitalario con su orientación financiera, mientras que simultáneamente preservamos nuestros valores, conocimientos, destrezas y ética profesional.

Bibliografía

Abramson, M. (1981). Ethical Dilemas for Social Workers in Discharge Planning. *Social Work in Health Care*, 6 (4), 32-42

Abramson M. (1983). A Model for Organizing an Ethical Analysis of the Discharge Planning Process. *Social Work in Health Care*, 9 (1), 45-52.

American Find Finder (2009). U. S. Census Bureau. Population Estimates for New York State by County-recuperado en julio 2008.

Barker, R. l. (1988). Milestones in the Development of Social Work and Social Welfare. Washington, DC: NASW Press.

Beder, J. (2006). Hospital Social Work: The Interface of Medicine and caring. New York: Routledge.

Beauchamp, T. L. y Childres, J. F. (1994). *Principles of Biomedical Ethics* (4 ed.) New York: Oxford University Press.

Blumenfield, S. y Love, J. (1987). A Template for Analyzing Ethical Dilemmas in Discharge Planning. *Health and Social Work*, 12 (1) 47-56.

Boland, K. (2006). Ethical Decision-Making Among Hospital Social Workers. *Journal of Social Work Values and Ethics*. Vol. 3, Número 1.

Bronx Lebanon Hospital Center (2007). Department of Medicine. Bronx, New York.

Center for Medicare Advocacy, Inc. (2009). Medicare and Discharge Planning: Think Through Your Needs.

Chadiha, L. E.; Morroe-Howel, N. Darkawa, O., y Dore, P. (1995). Post-Hospital Home care for African-American and White Elderly. *The Gerontologist*, 35 (2), 233.

Cole, P. L. (2012). You Want Me to do What? Ethical Practice Interdisciplinary Collaborations. Virginia Commonwealth University. *Journal of Social Work Values and Ethics*. Volume (9), Número 1.

Cossom, J. (1992). What do We Know About Social Work Ethics? *The Social Worker*, 60 (3), 1650

Cowles, L. A. (2000). *Social Work in the Health Field: A Care Perspective*. New York: The Haworth Press.

Cummings, S. y Cockerman, C. (1997). Medicare Hospital Discharge Planning for Patients with Alzheimer's Disease. *Health and Social Work*. 22 (2), 101-108.

Davidson, K. (1998). Role Blurring and the Social Worker's Search for a Clear Domain. *Health and Social Work*, (15), 228-234

Elliot, M. (1987). Roles and Functions of Social Work. Encyclopedia of Social Work. (18 Ed). (pp. 500-502) Washington, DC: NSAW Press.

Department of Health and Human Services (1997). Medicare Hospital Discharge Planning (OEI-0294-00320). Recuperado de http:/gov/oei-02-94-00320.pdf, 2 de octubre de 2010.

Department of Health and Human Services (2004). Condition of Participation: Discharge Planning (42 C. F. R. 482. 43). Recuperado de htt:/law.justicia.com/us/crf/title42/42-3.0.21.3.199.12html, 21 de octubre de 2010.

Foster, A. J., Peterson, J. F., Gandhi, T. y Bates, D. W. (2003). The Incidence and Severity of Adverse Events Affecting Patients After Discharged From the Hospital. Ann Intern Med. *138* (3), 161-167.

Foster, A., Clark, H. D., Menard, A., Dupuis, N., Chernish, R. y Chandock, N., Kahn, A., Walraven, C. V. (2004). Adverse events among medical patients after discharged from the Hospital. *Journal of Canadian Medical Association. 170* (3), 345-349.

Gehler, T. y Brown, A. (2006). *A Handbook of Health and Social Work.* pp. 43-69. New Jersey: WILEY.

Hager, J. S. (2010). Effects of a Discharge planning intervention on perceived readiness for discharge. St. Catherine University. St. Paul, Minnesota.

Kadushin, G. y Egan, M. (2001). Ethical Dilemmas in Health Care: A Social Work Perspective. *Health and Social Work. 26*(3),136-49

Mizrahi. T., Abramson, J. (2000). Collaboration Between Social Workers and Physicians: Perspectives on a Share Case. *Social Work in Health Care.* 31-33.

National Association of Social Workers [NASW] (2000). Code of Ethics. Washington, D. C.

Reamer, F. (1985). The Emergence of Bioethics in Social Work. *Health and Social Work. 104* (4), 271-281.

Rher, H., Blumenfield, S., y Rosenberg, G. (1998). *Creative Social Work in Health care: Clients, the Community, and Your Organization.* New York: The Mount Sinai Medical Center Press.

Spehar, A. M., Campbell, R., Catherine, C., Palacios, P. Scott, D., Baker, J. (2001). Seamless Care: Safe Patient's Transitions from Hospital to Home. Advances in Patient Safety. 1, 79-97.

Sparks, J. (2006). Capítulo tres: Ethics and Social Work in Health Care. En Gehlert, S. y Browne, T. (Ed.). *A Handbook of Health Social Work.* New Jersey: WILEY.

Wrenn, K., Rice, N. 9 (1993). Social Work Services in the Emergency Department: An Integral of Health Care Safety Net. Academy of Emergency Medicine. I, 247-253. XVI.

CAPÍTULO TRES

Trabajo Social y la Importancia de la Comunicación con los Familiares de los Pacientes Admitidos a la Unidad de Cuidados Intensivos (UCI)

Las personas se ponen nerviosas y ansiosas cuando uno de sus familiares se enferma y es admitido en la Unidad de Cuidados Intensivos (UCI). Esto es producto del miedo de que el/la paciente esté grave y se vaya a morir pronto. El trabajador social en la UCI brinda apoyo emocional, guía y orientación a los familiares para así mantener la confianza en la recuperación del paciente. El trabajador social ayuda a que los familiares se imaginen y hablen de cómo sería la vida en el futuro, también les da valor para que puedan expresar sus emociones y temores, las cosas importantes que necesitan decir y apreciar el tiempo que les queda para estar juntos con el paciente.

Los familiares de los pacientes reaccionan de diferentes maneras cuando reciben la noticia de un diagnóstico que es irreversible y la terrible sugerencia de que es el momento de hablar acerca de los deseos del paciente en términos de decisiones médicas. Dependiendo de una variedad de factores incluyendo la edad del paciente, el tiempo que ha estado enfermo y su personalidad, algunas personas pueden no estar de acuerdo en aceptar la realidad de la enfermedad y se deprimen. Otros pueden negar el concepto y continúan como estaban. Quizás es el miedo la causa de estas respuestas. La reacción de los familiares a situaciones de vida o muerte varía: algunos reaccionan deprimiéndose, se enojan o resienten, sufren problemas de ansiedad; otros gritan, insultan o amenazan al personal médico, incluyendo al trabajador social. Otros sienten pánico, lloran o se retiran. Aguilera, D. C., y Messick, J. M. (1974), atribuyen las diferencias individuales en respuesta a los siguientes factores:

1. La percepción individual en eventos de tensión emocional.
2. La disponibilidad de un sistema de apoyo.
3. Los mecanismos de defensa que son utilizados por las personas para enfrentar situaciones de tensión emocional.

Todas las personas son capaces de expresar sus emociones a su manera. El trabajador social interviene estando allí presente, siendo sensible a las necesidades emocionales de los familiares, permitiéndoles que expresen sus sentimientos y sus emociones a su modo, y asegurándoles que su ser amado está recibiendo atención médica de calidad.

No importa de qué manera los familiares enfrentan la situación de crisis, ellos tienen muchas razones para tener la confianza en la recuperación del paciente. Los familiares pueden tener confianza para:

1. Aceptar el diagnóstico de los médicos.
2. Darse la oportunidad de apreciar y valorar la vida.
3. Decirle al paciente lo importante que fue en sus vidas.
4. Compartir sus emociones con otros miembros de la familia y apreciar la solidaridad familiar.
5. Darse el tiempo para sentirse mejor.
6. Darse más tiempo para disfrutar de la presencia de las personas que aman.
7. Decirle al paciente las cosas que siempre le quisieron decirle lo importante que fue en sus vidas.
8. Evitar caer en la depresión por algún cargo de conciencia.
9. Sentirse libre de culpabilidad.

La buena comunicación con los familiares del paciente no solo depende de parte del trabajador social, sino también de los otros profesionales que atienden al paciente (médicos, enfermeros). El idioma de comunicación puede ser ambivalente, llevando a malentendidos, y las necesidades del paciente y de sus familiares no siempre pueden ser iguales. Esto puede llevar a que el trabajador social se sienta incómodo al tratar de cumplir con las necesidades del paciente al igual que con las de sus familiares. Al comunicarse con los familiares acerca de enfermedades que son incurables y el riesgo de posible muerte del paciente, el trabajador social debe prestar atención al lugar donde toma parte la reunión. No es recomendable cerca del paciente, en el corredor o en la sala de espera debido a la falta de privacidad. Llevar a los familiares a un lugar tranquilo y privado, fuera del público para discutir acerca de la importancia de la reunión y el hecho de que la información o noticia pueda ser mala, puede tener un impacto psicológico positivo en los familiares del paciente.

Las malas noticias se pueden decir de una manera sensible y honesta, al ritmo de las personas, sin apresurarse, de esa manera ellas pueden indicar cuando quieren parar de hablar y hacer preguntas al respecto si es necesario. Si las noticias son explicadas abierta y honestamente, estas pueden llevar a la negación. Existe siempre un nivel de asombro después de recibir malas noticias, por eso se debe dar algo de tiempo antes de coger las piezas explorando los sentimientos de los familiares. La negación puede ser un mecanismo de defensa válido para aquellos que no pueden o no están listos para adaptarse a la realidad de una mala noticia. La información honesta y sincera ayudará a los familiares a expresar sus emociones y les permitirá planear y adaptarse a la realidad.

Cuando las personas descubren que alguien que ellos aman está enfermo o con riesgo de morir, con frecuencia sienten fuertes reacciones emocionales, las cuales tienen que ser expresadas. Todos tenemos la capacidad de expresar nuestros sentimientos y emociones de una manera propia. Aceptar el final de la vida puede ayudar a que los familiares de los pacientes se unan y mejoren su relación y se apoyen mutuamente. A pesar de la tristeza de la ocasión, la confianza entre los familiares es un factor positivo para superar la pena y el miedo.

Por eso es importante mantener una cercana comunicación con los familiares de los pacientes que son admitidos en la UCI.

Preguntas Difíciles que Hacen los Familiares de los pacientes en la Unidad de Cuidados Intensivos:

1. ¿Se va a recuperar?
2. ¿Por qué a él/ella?
3. ¿Por qué a nosotros?
4. ¿Cuánto tiempo le queda de vida?
5. ¿Qué va a pasar después de que se muera?

Reacciones Emocionales de los Familiares de los Pacientes:

1. **Cólera/enojo:** con frecuencia está dirigida hacia otros.
2. **Culpa:** pensar que la enfermedad o la muerte del ser amado es un castigo por no haber buscado ayuda a tiempo.
3. **Acusar a otros:** la creencia de que la condición del paciente es por culpa de otros, incluyendo al personal médico.

Según Kübler-Ross (1969), todas las personas pasan por cinco etapas durante el proceso de la muerte de un ser amado:

1. **Conmoción o negación:** es la reacción inicial al recibir la mala noticia.
2. **Enojo:** puede ser desplazado y proyectarse hacia otras personas.
3. **Negociación:** pedir más tiempo para buscar mejores soluciones.
4. **Depresión:** sentirse triste.
5. **Aceptación y resignación:** cuando la persona ha tenido suficiente tiempo y ha podido sentir las etapas anteriores; es entonces cuando podrá aceptar la muerte del ser amado.

Cabe mencionar que no todas las personas pasan por estas etapas simultáneamente, en algunos casos se pueden quedar estancados en cualquiera de estas.

Al tratar con las etapas mencionadas, el trabajador social debe establecer su causa y verificar si es justificada, y hacia dónde y hacia quién está enfocada. A los familiares de los pacientes se les puede ayudar a identificar la causa de sus sentimientos y emociones que les aflige, y de esa manera evitar que se enojen con el personal médico. Esto puede resultar en un desfogue saludable de sus emociones. La tensión post-ttraumática como son la ansiedad y la depresión, son condiciones comunes que los familiares de los pacientes de la UCI pueden experimentar, especialmente cuando tienen que tomar decisiones acerca del plan de tratamiento, incluyendo decisiones del final de la vida del paciente cuando no lo puede hacer por sí mismo debido a su condición médica. Muchas veces, los familiares no pueden entender la información que reciben acerca del diagnóstico, pronóstico o tratamiento del cuidado crítico del paciente y sufren mayores niveles de ansiedad, frustración y depresión cuando el plan de la atención médica depende de su decisión (especialmente cuando el paciente no ha designado a nadie para que hable con el personal médico acerca de sus deseos). Darmon, B., et al (2007) cuantificaron el efecto de la intervención diseñada por ellos para mejorar la comunicación entre el personal médico de la UCI y los familiares de los pacientes. Este estudio demostró que, con una estructura específica, les permite a los familiares expresar sus sentimientos y emociones, y así obtener resultados y expectativas positivas.

La base para la guía de intervención del trabajador social que sirve para ayudar a los familiares de los pacientes admitidos en la UCI se centra en lo siguiente:

1. Valorar y apreciar lo que los familiares de los pacientes tienen que decir.
2. Reconocer las emociones de los familiares utilizando resúmenes de información reflectiva.
3. Prestar atención.
4. Entender quién fue el/la paciente como persona al hacer preguntas.
5. Estimular preguntas a los familiares del paciente.

Los trabajadores sociales de la UCI deberían recibir preparación y adiestramiento continuo que les permita dar la clase de apoyo y atención que ellos quisieran recibir o en el caso de que tengan a un familiar que se encuentra con una enfermedad grave y con posibilidades de morir.

Los trabajadores sociales pueden tener un impacto positivo en la recuperación emocional de los familiares. Ellos actúan como apoyo para controlar la ansiedad producida entre los familiares del paciente y sirven como un valioso recurso para su recuperación. Cuando la ansiedad entre los familiares es alta, ellos no podrán ayudar a que el paciente se recupere, y al mismo tiempo pueden transmitir su ansiedad hacia otras personas. La ansiedad de los familiares se puede manifestar a través de la desconfianza hacia el personal médico, no seguir las recomendaciones, enojo e insatisfacción con el tratamiento que le están dando al paciente, incluyendo amenazas de demandas legales.

Mientras los familiares sufren con la ansiedad y preocupación, la naturaleza de la enfermedad crítica del paciente puede causar cambios dentro de la unidad familiar. Que estos cambios sean beneficiosos o adversos depende, en parte, de la clase de intervención que haya sido programada por el trabajador social. La admisión de un paciente en la UCI tiene como consecuencia implicaciones emocionales en los familiares, y ellos se pueden beneficiar cuando el trabajador social interviene para ofrecer apoyo emocional.

¿Qué Necesidades Tienen los Familiares de los Pacientes Admitidos en la Unidad de Cuidados Intensivos?

Basado en la experiencia y observación del autor, los familiares tienen varias necesidades. Estas están agrupadas en cinco áreas que son universalmente experimentadas por la mayoría de las personas:

1. **Recibir seguridad:** reflejando la necesidad de mantener la esperanza y hablar acerca de la recuperación del paciente. Satisfacer esta necesidad puede promover la confianza, seguridad y libertad de duda.
2. **Permanecer cerca del paciente:** reflejando el deseo de unir y mantener la relación positiva de la familia. Satisfacer esta necesidad puede ayudar a que los familiares estén cerca y le den apoyo emocional al paciente.

3. **Recibir información adecuada:** reflejando el entendimiento de la condición del paciente. Satisfacer esta necesidad sienta las bases para que los familiares tomen decisiones y ayuden al paciente. La ansiedad de los familiares se puede reducir y así promover el sentido de control emocional.

4. **Estar cómodos:** reflejando la necesidad de reducir la tensión emocional. Cuando se está cómodo, se conserva energía y se reduce la ansiedad.

5. **Recibir apoyo emocional:** reflejando la necesidad por la ayuda profesional, asistencia o auxilio. Satisfacer esta necesidad ayuda a lidiar con los sentimientos de ansiedad, a mejorar los recursos disponibles de la familia y a mantener las fuerzas para apoyar al paciente.

Durante la admisión del paciente en la UCI, la comunicación con los familiares es un componente importante de la práctica de Trabajo Social. A los familiares se les da la oportunidad de hacer preguntas, de expresar sus preocupaciones, sus temores, sus sentimientos y sus emociones sin temor a ser juzgados.

Intervención del Trabajador Social con los Familiares de los Pacientes que no Tienen la Capacidad Emocional para Tomar Decisiones de Tratamiento Médico:

El trabajador social enfrenta muchas situaciones de ética profesional en la UCI. Una de estas situaciones aparece cuando el paciente no tiene la capacidad emocional para tomar decisiones acerca del tratamiento médico. El código de ética de la National Association of Social Work (NASW, 2000) ofrece a los trabajadores sociales un grupo de valores y principios que sirven para ayudar a los familiares a tomar decisiones. Una de estas situaciones tiene que ver con la capacidad emocional de las personas debido a su condición médica.

Se presume que cualquier persona de dieciocho años o mayor edad que sea admitida en el hospital tiene la capacidad emocional para tomar decisiones de su tratamiento médico, a menos que se indique lo contrario. La capacidad de tomar decisiones consiste en la habilidad de poder elegir o rechazar su propio tratamiento médico. Algunas personas no pueden tomar decisiones, ya sea por su condición médica que les imposibilita hacerlo, o por causa de alguna deficiencia cognitiva. La falta de capacidad para tomar decisiones está sujeta a varios cambios. Por ejemplo, cuando una persona ha sufrido una leve herida o trauma cerebral, puede disminuir su capacidad de tomar decisiones médicas. Por otro lado, una persona con limitaciones cognitivas nunca ha tenido la capacidad de tomar decisiones y necesita de otros para hacerlo. Las personas que no tienen capacidad para tomar decisiones necesitan de la ayuda de otros. Algunas de estas decisiones pueden considerarse difíciles y pueden causar dilemas de ética profesional para el trabajador social y el personal médico que está atendiendo al paciente.

Según la National Association of Social Work (NASW, 2000), cuando una persona no tiene la capacidad emocional para dar consentimiento para su tratamiento médico, el trabajador social debe abogar por la protección de sus derechos. El trabajador social colabora con el personal médico informándoles a los familiares, teniendo en cuenta su nivel de entendimiento, siendo este consistente con las creencias y valores del paciente. Esto se puede conseguir durante la reunión con los familiares del paciente y con el personal médico, al intercambiar información acerca de la condición del paciente, discutiendo las diferentes opciones disponibles y, al mismo tiempo, informando las limitaciones del tratamiento para la recuperación del paciente.

El siguiente es un ejemplo que tuvo que ver con cuestiones de ética profesional con respecto a las decisiones del final de la vida. El nombre del paciente y los hechos han sido alterados para proteger la privacidad del paciente.

Caso:

Don Pedro es un señor de 85 años que vive en una institución para personas adultas mayores. Fue admitido en el hospital con un severo problema respiratorio y con derrame cerebral que luego le afectó su capacidad para tomar decisiones médicas. Don Pedro no tenía a nadie que lo representara o abogara por él mientras estaba en la sala de emergencia. Luego fue trasladado a la UCI. El trabajador social se pudo comunicar con su hija, a quien le informó de su admisión en la UCI, y acordaron reunirse con el personal médico que atendía a su padre. El médico tratante fue claro y explicó con detalle la condición de Don Pedro y que no respondía al tratamiento que se le estaba dando. También se les informó a su hija y a otros miembros de la familia que estaban presentes el pronóstico de su recuperación, el cual era muy delicado en el evento que tuviera un paro cardiaco. El trabajador social intervino promoviendo la comunicación entre los familiares de Don Pedro y el personal médico. Este fue el momento donde el apoyo emocional fue importante para la hija de Don Pedro y sus familiares.

Cuando una persona está enferma y no tiene la capacidad emocional para tomar decisiones médicas y siendo probable que no se vaya a recuperar, la función del trabajador social es la de localizar a sus familiares o conocidos e informarles acerca de su admisión en el hospital y, al mismo tiempo, averiguar si es que el paciente alguna vez les habló acerca de sus deseos médicos en caso de que no pudiera hacerlo. En el caso de Don Pedro, el trabajador social asistió a su hija en identificar y aclarar lo que su padre hubiese querido, así como también acerca de sus valores y creencias, con el esfuerzo de respetar sus deseos. La reunión con la hija de Don Pedro y sus familiares tuvo lugar para discutir e intercambiar información pertinente con su situación, aclarar su capacidad de entendimiento acerca de la información presentada por el personal médico y hacer preguntas que pudieran considerar necesarias.

Las siguientes personas pueden dar consentimiento para el tratamiento en el caso de que el paciente no tenga la capacidad emocional para hacerlo:

1. Esposa (legalmente casados)
2. Padres
3. Hermanos
4. Hijos adultos
5. Miembros adultos que conocen al paciente

Estas personas están activamente relacionadas con el paciente.

El trabajador social reconoce y respeta la dignidad de las personas. Trabaja con múltiples sistemas y está atento a las diferencias individuales, resolviendo conflictos que son consistentes con los valores, principios de ética y normas de la profesión de Trabajo Social. Existe todavía la necesidad de un acercamiento organizado que incluya una guía para los profesionales de la salud, los familiares de los pacientes y otros grupos de importancia para trabajar juntos y estar de acuerdo con los planes de atención médica. La reunión con los familiares es de importancia para lograr una discusión honesta acerca de los objetivos y deseos del paciente con respecto a la atención médica que necesita. Con la ayuda y el apoyo emocional del trabajador social se puede lograr control, predeterminación, conexión y significado que ayude a los familiares a controlar sus temores, concentrarse y tomar decisiones significativas.

El Trabajador Social como Facilitador de la Reunión con los Familiares de los Pacientes en la Unidad de Cuidados Intensivos:

El trabajador social debe estar comprometido en lo que respecta al interés del paciente y la familia, tener habilidades de comunicación, ser experto en dirigir reuniones con familias, entender el proceso de trabajo en grupo, tener la preparación en dinámica familiar y, por último, tener la habilidad de enfocar las preguntas y respuestas emocionales dentro de actividades importantes. El tiempo y la duración de la reunión con los familiares varían debido al número de miembros presentes, la complejidad de la situación, el tiempo necesario para que los familiares puedan expresar sus emociones y la necesidad para reunir suficiente información adicional por parte del personal médico. El trabajador social puede identificar conflictos entre los familiares que puedan ser utilizados contra una decisión acordada por la mayoría. Manteniendo el enfoque de lo que pueda ser mejor para el paciente podría ayudar a superar los problemas y conflictos entre los familiares.

Aunque muchos de los recursos y guías de comunicación están disponibles, una de las maneras más prácticas de facilitar la comunicación acerca de su contenido emocional ha sido descrita por Kira y Kira (2004):

1. Ser justo.
2. Mantener el curso de la comunicación.
3. Dar tiempo.
4. Demostrar que las personas son importantes.
5. Cubrir información adecuada.

Actualmente no existen fórmulas que reúnan las necesidades emocionales de los familiares.

El trabajador social trata de reunir la información necesaria y las recomendaciones proporcionadas por el personal médico de la UCI, junto con las necesidades emocionales de los familiares y su proceso de entendimiento para así aumentar el sentido de control, conexión y significado. Dentro de este contexto, el paciente recibe la atención médica que requiere, mientras que los familiares estarán dispuestos a desarrollar mecanismos de defensa para controlar su pena y temores por la posible pérdida de su ser amado. Finalmente, la información y el proceso experimentado por los familiares durante la reunión con el trabajador social puede ser utilizada para hacer algunos ajustes acerca de los deseos de atención médica en la medida que la condición del paciente cambia. El trabajador social desempeña una función de apoyo emocional y de colaboración al mantener una constante comunicación con los familiares del paciente y con el personal médico de la UCI.

Competencia Cultural:

Existe todavía la necesidad por una cercana comunicación con los familiares de los pacientes en la UCI. Los obstáculos se pueden superar cuando el trabajador social interviene en el caso de personas que no hablan el mismo idioma. Las barreras para una eficiente comunicación, diferencias en actitudes con respecto a la atención médica y otros malentendidos, interfieren con la buena atención para estas familias. Tales barreras se pueden superar cuando el trabajador social y el personal médico son culturalmente competentes y pueden garantizar una buena comunicación tanto con los pacientes como con sus familiares.

Según Lum, D. (1999), "competencia cultural es el conjunto de conocimientos y destrezas que los trabajadores sociales y otros profesionales de salud deben desarrollar para poder ser eficaces con pacientes que son multiculturales". El Trabajo Social multicultural trata sobre varios componentes de cultura, los cuales incluyen: género, raza, edad, orientación sexual, religión, etc. Green (1999), autor de *Culture Awareness in The Human Service*, acertó al decir que "la práctica de competencia cultural requiere el adquirir una base de conocimientos, preparación profesional, e intervenciones adecuadas para de esa manera poder comparar y entender mundos culturalmente diferentes". Como fue mencionado por Betancourt, J. R. (2001), "cultura es un conjunto de creencias aprendidas, valores compartidos, estilos de comunicación, prácticas, costumbres, y puntos de vista con respecto a funciones y relaciones entre las personas. Este concepto abarca más allá de la raza, historia étnica y país de origen".

Las actividades diarias del autor con pacientes y familiares de habla hispana, proporcionan un entendimiento acerca de la complejidad de la comunicación bilingüe y bicultural en el centro hospitalario, como en el caso de la UCI. Estas experiencias también se pueden extender a otros pacientes y familiares de otros idiomas extranjeros. Aquellos trabajadores sociales y personal médico que no hablan español, tienen con frecuencia problemas de comunicación con los pacientes y sus familiares. Habiendo tenido la experiencia de ser entrevistado por personal médico en Estados Unidos cuando no tenía dominio del idioma inglés, y sufrir consecuencias de tratamiento equivocado, el autor es consciente de los problemas que los pacientes y familiares enfrentan cada vez que son entrevistados en el hospital por personal que no habla su mismo idioma.

No todas las personas que hablan el idioma español son iguales. Todas ellas tienen historiales sociales y culturales diferentes. Los países hispanoparlantes son geográficamente diferentes, sus costumbres, sus mezclas raciales y étnicas. Los latinoamericanos están asociados con diecinueve países de habla hispana tales como el Caribe, América Central, y América del Sur. Los siguientes países son: Cuba, República Dominicana, Puerto Rico, Costa Rica, El

Salvador, Nicaragua, Panamá, Guatemala, Honduras, México, Bolivia, Paraguay, Uruguay, Ecuador, Venezuela, Colombia, Chile, Perú y Argentina. Todos estos países comparten una misma historia y colonización, similitudes en su relación y adaptación con la Iglesia Católica en su dominio del idioma español y sus mezclas étnicas y culturales. Como resultado de lo anteriormente mencionado, todos ellos comparten patrones culturales. Las actitudes culturales y creencias se descubren y son mejor entendidas a través de la conversación, y un mejor y preciso historial resulta cuando esas creencias y actitudes son tomadas en consideración. El tener que depender de traductores cuando el trabajador social o el personal médico trata de entrevistar a pacientes o a sus familiares puede ser frustrante (para pacientes, familiares y personal médico). La comunicación no es precisa, aun cuando el traductor sea eficiente. Otro factor de frustración es que el trabajador social y el personal médico no tienen control cuando dependen de traductores y tienen dificultad en obtener información adecuada del paciente o de los familiares. Una explicación para esto es que ni el trabajador social, ni el personal médico se pueden comunicar debidamente con el paciente ni con sus familiares.

Una intervención adecuada con pacientes o con sus familiares que solamente hablan español u otro idioma requiere de un entendimiento firme de dos idiomas complejos, además de la habilidad de poder comunicarse eficientemente en cualquier idioma y a diferentes niveles. Los pacientes y los miembros de la familia no están entrenados, no tienen experiencia y pueden sufrir desenlaces dramáticos cuando son confrontados con la tensión heredada en el contexto de la enfermedad y la admisión en la UCI.

Los trabajadores sociales que no hablan el idioma del paciente o de sus familiares pueden enfrentarse con retos importantes durante la entrevista y la evaluación de los pacientes en la UCI. Estos factores incluyen:

1. Comunicación inadecuada.
2. Provisión inadecuada de servicios.
3. Definición inadecuada de problemas y necesidades.
4. Falta de entendimiento adecuado del funcionamiento del individuo y la dinámica familiar.

La evaluación de diferentes situaciones y necesidades de los pacientes y de sus familiares puede resultar en serios problemas debido a la falta de entendimiento y aprecio de los contenidos étnicos-culturales y socioeconómicos. Las dificultades en la entrevista y la evaluación también pueden ocurrir cuando el trabajador social no tiene el adiestramiento adecuado para tratar con personas de diferentes grupos étnicos.

Conclusión:

Las reuniones con los familiares de los pacientes admitidos en la UCI demuestran ser una manera efectiva para que ellos puedan discutir sobre aspectos emocionales y tomar decisiones difíciles. Claramente, la más intensa de estas es la decisión para descontinuar el tratamiento de su ser amado. Explorar los valores y deseos del paciente con los miembros de su familia en un lugar privado, donde hay tiempo suficiente para expresar emociones y discutir temas difíciles, puede crear un ambiente de confianza. Las reuniones con los familiares son importantes porque la información compartida acerca del paciente es escuchada por todos los miembros. También este es el momento oportuno para poder expresar las emociones (tristeza, ira, miedo, alegría), los sentimientos (susto, dolor) y manifestar el apoyo emocional "al tocar" con expresiones verbales de afecto.

Para algunos miembros de la familia, esta puede ser la primera vez que se han permitido pensar y hablar acerca de la realidad de la condición del paciente. Si el paciente es de alta jerarquía en la familia, la reunión puede empezar el proceso de un nuevo alineamiento familiar de poder estructural. Este es el momento donde el conflicto familiar puede tener complicaciones, especialmente cuando tienen que tomar decisiones médicas, ya sean de prolongar o terminar la vida.

El objetivo principal de la reunión con los familiares es asegurar que los deseos del paciente sean respetados, que sus familiares estén enterados de esos deseos, que reconozcan que todo lo que se debe hacer para su recuperación se tenga que hacer, y que el personal médico hará todo lo posible a su alcance para salvarle la vida y que se recupere. El trabajador social debe explicar claramente la razón y los resultados deseados al inicio de la reunión. Por ejemplo, el trabajador social puede decir: "aquí estamos hoy día para hablar de los valores y deseos de su ser amado, para discutir su condición médica, qué está pasando con el paciente ahora, las implicaciones de su condición, especialmente el pronóstico de su recuperación, y hacer respetar juntos la decisión del paciente con respecto a los próximos pasos a seguir basado en la recomendación del personal médico".

El dominio médico y psicosocial están conectados al sistema de salud. El campo psicosocial de Trabajo Social es la base para crear una nueva sociedad con pacientes, familiares y personal médico, en un ambiente tenso y lleno de emociones como lo es la UCI. El reto para los trabajadores sociales es poder demostrar la relevancia de su capacidad emocional e intelectual y sus destrezas clínicas para entender y atender las necesidades emocionales de los pacientes y sus familiares. El poder controlar las reacciones emocionales y espirituales de los pacientes y sus familiares es la base para una intervención efectiva.

Los aspectos prácticos para establecer objetivos realistas entre los profesionales de la salud, comunicando de una manera eficiente en situaciones de crisis, utilizando las diversas respuestas ambiguas y, en ciertos casos, emocionales, y ayudando a crear un sentido en la experiencia son importantes. La reunión con los familiares en la UCI es importante por ser un vehículo excelente para la creación de un ambiente de comunicación honesto, enfocado en movilizar los recursos que están disponibles para ayudar al paciente y sus familiares hacia un mutuo plan de acción.

Bibliografía

Aguilera, D. C., Messick, M. J. (1974). Crisis Intervention: Theory and Methodology. St. Luis: C.V. Mosby Co. p. 631.

Betancourt, J. R. (2001). Cultural Competence-Marginal or Mainstream Movement? New England Journal of Medicine; 351-953-955.

Curtis, J. R., Patrick, D. L., Shannon, S. E. (2001). The Family Conference as a Focus to Improve Communication about End of Life Care in the Intensive Care Unit: Opportunities for improvement. Crit. Care Med. 29 (2 suppt): N. 23-26.

Darmon, B., Laurette, A., Megarbane, L. M., Joly, S., Chevretet, C., Adrie, D., Barnaut, G., Bleichner, C., Bruel, G., Choukron (2007). A Communication Strategy and Brochure for Relatives of Patients Dying in the Intensive Care Unit. New England. L. Med. 356 (5):469-478.

Department of Medicine (2007). Bronx Lebanon Hospital Center. Bronx, New York.

Freichels, T. A. (1991). Needs of Family Members of Patients in the Intensive Care Unit over Time. Crit. Care Nurs. Q. 14 (3): 16-29.

Kira, P., Kira, J. (2004). What do Patients Receiving Palliative Care for Cancer and Their Families Want to be told? An Australian and Canadian Qualitative Study. B. M. J: 328-1343.

Green, J. (1999). *Cultural Awareness in the Human Service*. 2da. Ed. Englewood Cliffs, NJ: Prince Hall.

Green, J. (1999). *Cultural Awareness in the Human Services*. 3era Ed. Englewood Cliffs, NJ: Prince Hall.

Kübler-Ross, E. (1969). On Death and Dying: What the Dying Has to Teach to Doctors, Nurses, Clergy, and Their Families. Publisher: Simon &Schuster. Adult Publishing Group: Edition Number 1.

Lum, D. (1999). *Cultural Competence Practice*. Pacific Grove, CA: Books/Cole

National Association of Social Workers [NASW] (2000). Code of Ethics. Washington, D. C.

CAPÍTULO CUATRO

Intervención del Trabajador Social con los Familiares de Pacientes con Demencia en la Unidad de Cuidados Intensivos

¿Qué es la Demencia?

Según la Alzheimer's Association (2010), el término *demencia* se usa para describir un grupo de síntomas, los cuales incluyen un serio déficit en la memoria creado por cambios anormales en el cerebro y dificultades en una de las siguientes áreas:

1. **Social**: problemas de funcionamiento social (confusión con persona, lugar y tiempo), con consecuencias en el hogar, en situaciones sociales y en el trabajo.
2. **Personal**: cambios de personalidad como confusión y descuido personal.
3. **Mental**: dificultad para pensar, para planear o resolver problemas y completar actividades tales como manejar el auto y pagar cuentas. Deterioro del juicio.

La demencia es la forma más común de la enfermedad de Alzheimer. Esta enfermedad lleva el nombre de Alois Alzheimer quien, en 1906, examinó el cerebro de una mujer de cincuenta y un años que había sufrido de demencia antes de morir (Veterans Administration Medical Center, 1989).

Existen setenta causas de la demencia, la enfermedad de Alzheimer es la más común y aproximadamente incluye entre el 50% al 70% de todas las demencias. Según el reporte de la Alzheimer's Association (2010), "…hechos y cifras de la enfermedad de Alzheimer, tanto como 5,3 millones de personas en los Estados Unidos viven con la enfermedad de la demencia". El Alzheimer y otras demencias triplican el costo de salud de los norteamericanos de sesenta y cinco años de edad o más; y cada setenta segundos alguien desarrolla esta enfermedad. Según el mismo reporte, "afroamericanos y latinos tienen una mayor probabilidad de desarrollar demencia, pero menor probabilidad de que se les diagnostique temprano". La demencia muestra anormalidades en el cerebro, comúnmente referidas como placas u ovillos. El tamaño del cerebro disminuye significativamente, y las placas impactan las partes del cerebro que controlan el habla, la resolución de los problemas, las emociones, la reacción a la estimulación sensorial y el juicio. Las personas con demencia son cada día menos capaces de cuidar o atender de sí mismos y necesitan de otros. La demencia no distingue razas o culturas, y la experiencia es similar en todos los grupos étnicos (Alzheimer's Association, 2010).

Para aquellos pacientes con demencia y que son admitidos en la Unidad de Cuidados Intensivos (UCI), la función del trabajador social es la de colaborar con el personal médico, informándole a los familiares acerca de la condición del paciente, a la vez de identificar los valores, creencias y deseos del paciente, y de discutir opciones y limitaciones del tratamiento.

¿Qué Necesidades Emocionales Tienen los Familiares de los Pacientes con Demencia en la Unidad de Cuidados Intensivos?

Basado en la experiencia y observaciones del autor, la UCI es el lugar del hospital que tiene mayor impacto emocional en los familiares de los pacientes. La falta de privacidad, los monitores, el ruido constante, así como también la necesidad de los procedimientos médicos que son urgentes y el cambio súbito en la condición del paciente, son factores de ansiedad para los familiares que, con frecuencia, esperan un pronóstico de recuperación o muerte. Los familiares se sienten nerviosos cuando su ser amado que sufre de demencia es admitido en la UCI, causado por el temor de que el paciente se va a morir. Debido a esta situación tensa, los familiares presentan varias necesidades, que ya fueron descritas en el capítulo tres y, según Freichles, T. A. (1991), están agrupadas en cinco áreas que son experimentadas universalmente por la mayoría de los familiares de pacientes admitidos en la UCI:

1. Recibir seguridad
2. Tener la relación familiar
3. Recibir información
4. Estar cómodos
5. Tener apoyo disponible

Entendimiento Público/Respuesta de los Gobiernos Acerca de la Enfermedad de la Demencia:

Muchas personas alrededor del mundo están actualmente más conscientes acerca de lo que es el Alzheimer o Demencia, y no solo están demandando respuestas de los gobiernos para encontrar medios para prevenir o curar esta enfermedad, sino también para el desarrollo de respuestas de la sociedad y de las personas afectadas, además de los familiares que también necesitan ayuda. Según el reporte de la Alzheimer's Association (2010), los esfuerzos de la investigación fueron descritos en diferentes presentaciones durante el Congreso del Alzheimer que tuvo lugar en julio del año 2000 en Washington D. C., donde asistieron más de cinco mil participantes de diferentes naciones. Reportes de tales eventos, programas especiales de televisión, revistas y artículos de periódicos acerca del Alzheimer, ya sean acerca de nuevas posibilidades de tratamientos o de experiencias individuales, han puesto a esta enfermedad en el ojo del público y han contribuido a la construcción social de la enfermedad, la cual está siendo controlada por la intervención médica.

La Intervención del Trabajador Social con Familiares de los Pacientes con Demencia en la Unidad de Cuidados Intensivos

La UCI es el lugar del hospital donde se da atención a pacientes con crisis vitales, esto quiere decir que uno o más de sus órganos vitales requieren de intervención y observación continúa por parte del personal médico. No se puede negar que tales circunstancias son la causa de tensión y angustia para los familiares del paciente. Este es, por lo tanto, el lugar donde el trabajador social desempeña diferentes funciones y niveles de intervención que merecen ser claramente definidas. Durante la admisión en la UCI, la comunicación con los familiares es un componente importante de la práctica del trabajo social. A los familiares se les da la oportunidad de hacer preguntas, expresar sus temores y sus emociones.

Caso:

Don Manuel es una persona de setenta años que reside en una institución y sufre de demencia. A este señor lo llevaron en ambulancia a la sala de emergencia y luego fue admitido al hospital con un diagnóstico de "paro respiratorio". Al llegar a la sala de emergencia, don Manuel no tenía a su lado a familiares o documentación acerca de sus instrucciones y decisiones para su tratamiento médico. Luego de ser atendido en la sala de emergencia, fue trasladado a la Unidad de Cuidados Intensivos. El trabajador social de la UCI pudo comunicarse por teléfono con su hija, con quien acordó una reunión con el personal médico a cargo de don Manuel. Durante la reunión, el médico de don Manuel explicó con detalle el tratamiento que se le estaba dando sin presentar mejoría. La condición del paciente y su pobre pronóstico de recuperación en el evento de un paro respiratorio fueron explicados a su hija y a otros familiares allí presentes. El trabajador social intervino promoviendo la comunicación entre los familiares del paciente y el personal médico, y se discutieron planes de intervención y decisiones médicas en caso de que el paciente sufriera un paro cardiaco. Este fue el momento donde el apoyo emocional fue importante para la hija y los familiares del paciente.

Cuando un paciente no tiene la capacidad emocional suficiente como para tomar decisiones de intervención médica, y siendo probable que no se recupere y no tenga documentación acerca de sus deseos de tratamiento médico, la función del trabajador social es reunirse con familiares o amigos del paciente para averiguar si alguna vez habló con ellos acerca de sus deseos médicos en caso de que no pudiera hacerlo. El trabajador social es un experto en descubrir nuevas y diferentes maneras para que las personas tengan la mejor relación posible entre sí, considerando sus limitaciones emocionales. En el caso de don Manuel, el trabajador social asistió a su hija y a otros miembros de su familia a identificar y aclarar sus deseos, valores y creencias con respecto a su condición médica. La reunión con los familiares de don Manuel tuvo el propósito de discutir e intercambiar información y aclarar su capacidad de entendimiento acerca de la información presentada por el personal médico, y hacer preguntas que fueran necesarias.

Conclusión:

La comunicación con los familiares de los pacientes admitidos al hospital (UCI), es importante porque les ayuda a crear un sentido de orientación. La comunicación es también de importancia por ser un excelente vehículo para crear un ambiente honesto, enfocado en movilizar los recursos necesarios para el paciente y también para sus familiares hacia un plan de acción que pueda resultar en metas claras de atención médica y emocional.

Bibliografía

Alzheimer's Association (2010). Guía para Cuidadores. Capítulo de la Ciudad de New York-Revista. Vol. 34. P.1-2.

Freichels, T. A. (1991). Needs of Family Members of Patients in the Intensive Care Unit Over Time. Crit. Care-Nurs. Q. 14 (3): 16-29.

National Association of Social Workers (2002). Code of Ethics of the National Association of Social Workers. Washington, DC.

Veterans Administration Medical Center (1989). What is Alzheimer's Disease? Bronx, New York.

CAPÍTULO CINCO

El Trabajador Social en la Sala de Emergencia

La práctica de Trabajo Social en la sala de emergencia es una especialidad no tradicional que requiere el trabajo con personal médico (médicos y enfermeros), quienes están más acostumbrados a trabajar con enfermedades y traumas que con pacientes que sufren de problemas psicosociales (Elliot, M., 1987). Una de las funciones del trabajador social en la sala de emergencia es la de colaborar con el personal médico y con otros profesionales de la salud (médicos ortopédicos, cardiólogos, neurólogos, psiquiatras, entre otros) para poder identificar las necesidades psicosociales de los pacientes, no solamente el problema que presentan cuando llegan a este lugar, ya sea vía ambulancia u otro medio de transporte. El trabajador social contribuye en la efectividad de la sala de emergencia, ayudando a los pacientes y sus familiares a superar la crisis en casos de muerte súbita, violencia doméstica, así como también con casos de niños o ancianos que han sido víctimas de maltrato físico o emocional, con personas sin vivienda o que han tenido sobredosis de drogas o alcohol, y con el plan de alta del hospital (Mizrahi, T., 1995).

Utilizando el modelo desarrollado por Soskis, C. (1985) y Cowles, L. A. (2000), con respecto a las funciones del trabajador social en la sala de emergencia, se puede describir de la siguiente manera:

1. Defiende los derechos del paciente.
2. Conoce los recursos más adecuados para asistir a los pacientes.

3. Coordina poniendo énfasis en la comunicación clara entre el personal médico y el paciente, asegurando que las necesidades del paciente sean atendidas.
4. Da apoyo emocional e intervenciones de crisis.

El uso eficiente del trabajador social en la sala de emergencia depende en gran parte en cómo otros profesionales de salud perciben a la profesión y al trabajador social. Aquellas personas fuera de la profesión de trabajo social pueden no estar familiarizadas con la función del trabajador social, y la distribución de los servicios de salud puede limitar al trabajador social en solo ofrecer servicios concretos, y no poder asistir a los pacientes y a sus familiares a superar el impacto emocional sufrido por la admisión a la sala de emergencia. La falta de conocimientos acerca de la función del trabajador social puede crear conflictos en la colaboración con los otros profesionales.

Revisión de la literatura:

La revisión de la literatura acerca de la práctica de Trabajo Social en la sala de emergencia desde el año 1967 hasta el año 2013 demuestra que hay poco conocimiento acerca de esta especialidad. Estos estudios demostraron que los trabajadores sociales definen sus funciones de una manera amplia, enfocándose en la persona y en el medio ambiente, incluyendo el hospital y la comunidad donde ellos viven, para hacer evaluaciones y decisiones de intervención. En otros estudios se ha encontrado que los médicos y enfermeros, al igual que los pacientes, tienen una visión más limitada y ven al trabajador social como un auxiliar (Cowles, l. A. 2000., y Lefcowitz, M., 1992).

El Trabajador Social en la Sala de Emergencia:

En la sala de emergencia, el trabajador social tiene una variedad de funciones, que incluyen intervenciones concretas (ofrecer ropa, llamadas telefónicas, transporte, muletas, entre otras cosas.), así como también intervenciones clínicas (cuando hay víctimas de violencia doméstica, problemas emocionales, etcétera). Otra de las funciones incluye la evaluación del plan de alta para que el paciente ya recuperado se pueda ir a su casa u otro lugar que sea recomendado por el personal médico, sin posibles contratiempos.

Según la revisión de la literatura, los trabajadores sociales son percibidos por el personal médico como un grupo de individuos que solamente hacen cosas simples que cualquiera puede hacer y que no es necesario tener formación académica. Perciben al trabajador social como un subordinado del personal médico (Garcés, C. (2002); Bergman, A. (1976); Soskis, (1985).

Cuando las personas llegan a la sala de emergencia, con frecuencia están, o bien enfermas, o en peligro de muerte, y cuando son dadas de alta pueden seguir enfermas o peor que cuando llegaron por primera vez.

De acuerdo a la problemática social particular, los pacientes pueden ser referidos a distintas instituciones: quienes no tienen domicilio son trasladados a distintos albergues de la comunidad; quienes sufren de problemas de alcoholismo o drogadicción son vinculados con programas de rehabilitación; quienes tienen problemas emocionales son derivados para evaluación psiquiátrica; quienes no tienen dinero para pagar los servicios de atención médica, son referidos a la oficina encargada de estos asuntos.

Otra de las funciones del trabajador social en la sala de emergencia es también la de colaborar con el personal médico, ya que comparten el mismo objetivo. Según Abramson, J. S. y Mizrahi, T. (1996); Rher, H., Blumenfield, S., y Rosenberg, G. (1998), una de las razones de la colaboración del trabajador social con el personal médico está basada en la complejidad de los problemas, tanto médicos como psicosociales. La naturaleza de la crisis que lleva a una persona a buscar atención médica en la sala de emergencia presenta oportunidades para la colaboración entre la medicina y el trabajo social. Esta sociedad de colaboración puede ayudar a prevenir que los pacientes se pierdan en el complejo sistema hospitalario. Los trabajadores sociales colaboran con el personal médico en relación a la atención del paciente (Abramson. J. S., y Mizrahi, T., 1996), y también lo hacen mejorando su efectividad al compartir con ellos los aspectos psicosociales de los pacientes. La introducción de Trabajo Social en la sala de emergencia se hizo con la finalidad de evitar admisiones innecesarias de pacientes en el hospital (Soskis, C., 1985).

La mayoría de los usuarios de las salas de emergencia por razones que no son de urgencia son personas más pobres que ricas, urbanas más que rurales, de bajo nivel social y de alta movilidad familiar, sin seguro médico y sin médico de cabecera. Los traumas ya no son el negocio de las salas de emergencia (Soskis, C.,).

Los trabajadores sociales fueron introducidos a la sala de emergencia en 1972 en el Brooklyn Hospital, Nueva York, para ayudar a los pacientes que sufrían de problemas psicosociales (Benett, M. J., 1973).

La Evolución de Medicina de Emergencia:

Para poder entender el impacto del cambio revolucionario de medicina de emergencia, es necesario haber seguido los eventos que llevaron al desarrollo de la medicina de emergencia actual. Como especialidad, esta se originó debido a las necesidades de la población y al desenvolvimiento de la orientación tradicional de la práctica de medicina familiar. Cuando las personas se enfermaban en lugares lejanos y desconocidos, ellos con frecuencia buscaban y esperaban por el médico que fuera a sus casas para atenderlos. Las industrias y las factorías empezaron a operar veinticuatro horas diarias, y la orientación de la población con las expectativas de tener los servicios médicos disponibles las veinticuatro horas del día estimularon el desarrollo de centros de emergencia (Schwartz, G. M., Safar, P., y Wagner, D. K., 1986). La conveniencia de sentir seguridad, protección y la disponibilidad de tales servicios médicos respondió a las necesidades del público.

Según estos autores, existen tres factores importantes que estimularon el desarrollo de la medicina de emergencia:

1. La necesidad y la demanda del público.
2. Los cambios en los modelos de la práctica de la medicina como profesión.
3. La expansión y los desarrollos tecnológicos que dieron como resultado las oportunidades para los diagnósticos y modelos de intervención más rápidos y efectivos.

Cada uno de estos factores sirvió para la creación de estímulos complementarios de diferentes direcciones: del paciente, del hospital, de la comunidad y del personal médico. El primer factor, refleja los cambios ocurridos en la sociedad norteamericana, en particular en las últimas cinco décadas. El arte y la ciencia de la medicina envuelven un trabajo extenso e íntimo con personas, las necesidades psicosociales han modificado y moldeado el desarrollo de la práctica y las técnicas de intervención de la profesión médica. El segundo factor refleja el desarrollo del interés del sistema hospitalario en los asuntos psicosociales que existen en la comunidad. Respondiendo a ambos, a las demandas de los pacientes y al interés propio del hospital como institución se produjo la creación de las salas de emergencia en los hospitales en 1954. Los hospitales reconocieron que, al tener una sala de emergencia, esta llenaba camas con pacientes y, al mismo tiempo, hacía uso de los servicios ya existentes, más accesibles para la comunidad y más intensos. Un hospital que se encuentra con problemas financieros podría resolver estos problemas con los ingresos económicos generados por la sala de emergencia. El tercer factor refleja la importancia de tener equipo médico de alta tecnología para evaluaciones más efectivas para identificar los problemas médicos (radiologías, equipo de resonancia magnética, equipo de respiración artificial, monitores de cardiología, entre otros).

En 1975, la American Medical Association's House of Delegates recomendó al Council of Medical Education (CME) que la medicina de emergencia fuera definida como una nueva especialidad por acreditación y certificación, comparable con las otras áreas de especialidad (Duncan y MacMahon, 1981). La primera junta de especialidad fue otorgada en 1980, y por primera vez hubo un grupo de médicos especialmente entrenados y examinados en medicina de emergencia para su competencia profesional. Medicina de emergencia es la trigésima primera especialidad más grande (Soskis, C., Schwartz, G. M., Safar, P., y Wagner, D. K., 1986). Originalmente, la sala de emergencia era el primer lugar donde la gente iba antes de ser admitida en el hospital. Luego, eran referidos como dispensarios de accidentes; desde entonces, las salas de emergencia han sido asignadas para atender situaciones de trauma para aquellas personas que sobreviven al llegar allí (Soskis,

C., 1985). Actualmente, las salas de emergencia sirven para atender a personas con múltiples problemas médicos, incluyendo problemas psicosociales y psicológicos (National Center for Health Statistics, 2000; Knopp, R. K., et al, 2000).

La sala de emergencia moderna ofrece servicios que están orientados al consumidor. La misión es la de atender a todas las personas que llegan con la mayor humanidad posible, y con especial destreza hacia los más enfermos y accidentados. Como un departamento clínico, los médicos de la sala de emergencia se relacionan con otros especialistas dentro del hospital (Clement, J., y Klingbeil, K. S., 1981). La necesidad de ser más organizadas y eficientes para ofrecer servicios de emergencia fueron evidentes en 1981, cuando The Joint Commission on the Accreditation of Hospital Organization (JCAHO, por sus siglas en inglés), hizo recomendaciones para el establecimiento de este departamento dentro del hospital.

Según Soskis, C. (1985) y Mizrahi, T. (1995), los mayores eventos y desarrollos que contribuyeron al uso de las salas de emergencia fueron los siguientes:

1. Los avances en medicina que se desarrollaron durante las dos guerras mundiales y en la guerra de Korea ayudaron al mejoramiento de la intervención en traumas.
2. La concentración de los recursos en los hospitales y su disponibilidad las veinticuatro horas y siete días han hecho posibles estos servicios, especialmente cuando los médicos tienen horas de trabajo limitadas y horas de oficina fuera del hospital.
3. La mayoría de las compañías de seguros médicos cubren las visitas a la sala de emergencia, pero no a la oficina de los doctores.
4. Los vecindarios de la ciudad no tienen médicos disponibles para atender a los pacientes, pero sí existen hospitales.
5. Los cortes de programas de servicios sociales donde ofrecen servicios de atención médica libre de pagos, al igual que evaluaciones psiquiátricas y otros servicios sociales.
6. La desinstitucionalización de los pacientes psiquiátricos, muchos de los cuales dependen de otros, y la demanda de servicios de emergencia.

En el año 1954, los hospitales de los Estados Unidos reportaron 17 visitas de pacientes a las salas de emergencia; en el año 1958, hubo 18 millones de visitas; en el año 1964, hubo 44 millones de visitas; y en el año 1997, este número aumentó a 76 millones de visitas (O'Boyle, C. M., Davis, K. D., y Kraf, T. J., 1985; Schwartz, J. M., 1986). En el año 2010, el número de visitas fue de 129.8 millones de visitas (National Hospital Ambulatory Medical Care Survey, 2010). La mayoría de los 31.9 millones de personas que visitan las salas de emergencia cada año no necesitan atención de emergencia (Garcés, 2002; National Center for Health Care Statistics, 2010). Uno de los motivos para el aumento del uso de las salas de emergencia es que este es el punto de entrada al hospital, donde no se le puede negar o retrasar el acceso a nadie que requiera servicios de atención de emergencia.

Durante mucho tiempo, la Ley Común no obligaba a los médicos ni a los hospitales a proveer atención médica a todos aquellos que la requerían. Por lo tanto, los hospitales privados y voluntarios podían rehusar el dar atención médica sin temor a ser multados. Una serie de abusos por parte de los hospitales continuó hasta que una legislación federal como la de Hill-Burton Act transformó esa práctica, y los hospitales ya no pueden rehusar la atención médica de emergencia a cualquier persona. Los hospitales que reciben ayuda financiera del gobierno federal tienen la obligación de proveer cierta cantidad de atención médica gratuita a pacientes indigentes que no tienen los medios para pagar el costo de los servicios de emergencia o del hospital si es que son admitidos. Las leyes estatales y regulaciones federales obligan a los hospitales a proveer atención médica de emergencia (Mizrahi, T., 1995). El Estado de Nueva York ha adoptado la siguiente ley: "En ciudades donde la población es más de un millón, el hospital de la zona debe proveer servicios de atención de emergencia médica a toda persona que requiera de tales servicios" (Schwartz, G. M., Safar, P., y Wagner, D. K., 1986).

Conclusión:

La revisión de la literatura desde el año 1967 hasta el año 2016 demuestra que no ha habido cambios significativos en la manera en que los trabajadores sociales son percibidos por el personal médico, los pacientes y el personal administrativo del hospital. El trabajador social es considerado un subordinado del personal médico y se piensa que "cualquiera puede hacer la función de trabajador social" (Garcés, 2002). Hasta la fecha no se han hecho estudios de la percepción del personal médico acerca de la función del trabajador social en la sala de emergencia del hospital. Existe la necesidad por parte de los trabajadores sociales y de la profesión en aclarar la función profesional del trabajador social al personal médico y a los administradores de la sala de emergencia y del hospital.

Bibliografía

Abramson, J. S., Mizrahi, T. (1987). Strategies for Enhancing Collaboration Between Social Workers and Physicians. Social Work in Health Care, 12, 1021.

Abramson J. S., Mizrahi, T. (1996). When Social Workers and Physicians Collaborate: Positive and negative interdisciplinary experiences. Journal of the National Association of Social Workers. NASW Press.

Auslander, G., Schneiman, G. (1996). Clients Views of Social Work Services in the Hospital Setting. Social Work in Health Care, 31 (2), 31-46.

Benett, R. L. (1973). The Social Worker's Role. Emergency Medical Services.

Bergman, A. (1976). Emergency Room: A role for social workers. Health and Social Work.

Carrigan, Z. H. (1975). The Effect of Professional Role. Position on the Perception of Interdisciplinary Social Work Practice in Health Care Settings. Unpublished Doctoral Dissertation. The Catholic University of America, Washington, DC.

Clement, J., Klingbeil, K. S. (1981). The Emergency Room. Health and Social Work, (3), 83-88.

Cowles, L. A., Lefcowitz, M. (1992). Interdisciplinary Expectations of the Medical Social Worker in the Hospital Setting. Health and Social Work, 17 (1), 57-65.

Cowles, L. A. (2000). *Social Work in the Health Field: A Care Perspective.* New York: The Harworth Press.

Elliot, M. (1987). Roles and Functions of Social Work. Encyclopedia of Social Work, 18[th]ed, p. 500-502. Washington, DC: NASW Press.

Duncan, W. C., MacMahon, B. (1981). *Preventive and Community Medicine.* Chicago: University of Chicago Press.

Egan, M., Kadushin, G. (1995). Competitive Allies: Rural Nurses 'and Social Workers 'Perceptions of the Role of the Social Worker in the Hospital Setting. Social Work in Health Care, (20), p. 1-20.

Garcés, C. M. 2002). The Social Worker in the Emergency Room. Doctoral Dissertation. Yeshiva University (WWSSW). New York.

Joint Commission on Accreditation of Health Care Organizations (1998). Accreditation Manual for Hospitals. Chicago: Author.

Joint Commission on Accreditation of Health Care Organizations (2012). Accreditation Manual for Hospitals. Chicago: Author.

Kadushin, G. (1996). Elderly Hospitalized Patients' Perceptions of the Interaction with the Social Worker During Discharge Planning. Social Work in Health Care, 23, p. 1-19.

Knopp, R. K., Biros. M. H., White, J. D., Waekerle, J. F. (2000). The Uninsured: Medicine's Challenge to Our Political Leaders. Annals of Emergency Medicine, 35, p. 295-297.

Mizrahi, T., Abramson, J. (1985). Sources of Strain between Physicians and Social Workers: Implications for Social Workers in Health Care Settings. Social Work in Health Care, 10, p. 33-51. hicago: Author.

Mizrahi, T., & Abramson, J. (2000). Collaboration between Social Workers and Physicians: Perceptions on a Share Case. Social Work in Health Care. P. 31-33.

Mizrahi, T. (1995). Health Care Reform Initiatives. Encyclopedia of Social Work. 19th.ed. (pp. 1185-1196). Washington, D C: NASW Press.

National Association of Social Workers (2002). Code of Ethics. Washington, DC: Author.

National Hospital Ambulatory Medical Care Survey (2010). Emergency Departments Summary Tables.

National Center for Health Statistics (2000). Emergency Room Users. Washington D C. Author.

Novoa, M., Ballesteros de Valderrama (2006). The role of the Psychologist in an Intensive Care Unit. Facultad de Psicología, Pontífica Universidad Javeriana, Bogotá, Colombia.

O'Boyle, C. M., Davis, K., D., Russo, B. A., y Kraft, T. J. (1985). Emergency Care: The first 24 hours. Norwalk, C T. Appleton Century Crofts.

Schwartz, G. M., Safar, P., Wagner, D. K. (1986). Principles and Practice of emergency Medicine, 2nd ed. p.1-11. W. b. Saunders Co. Philadelphia, PA. Vol. XXI, No. 12.

Rher, H., Blumenfield, y Rosenberg, G. (1998). Creative Social Work in Health care: Clients, the community, and your organization. New York: The Mount Sinai Medical Center.

Soskis, C. (1985). Social Work in the Emergency Room. New York: Springer Publishing.

Schwarts, G. M., Safar, P., y Wagner, D. K. (1986). Principles and Practice of Emergency Medicine, 2nd.ed. (pp. 1-11). W. B. Saunders Co. Philadelphia, P A.

CAPÍTULO SEIS

Teoría de Función

La teoría de función tiene su origen sociológico en los estudios de Cooley, C. H. (1902-1909), Mead, H. (1934) y Weber, M. (1947) en el campo de la Psicología y Psiquiatría. El concepto de función se puede aplicar a la interacción dentro del sistema, que sirve también como transición o concepto de enlace entre individuos y el sistema social en el cual están operando. Las funciones son del interés de la conducta deseada de una persona que ocupa una posición en el sistema social (Campton, B. R., y Galaway, B., 1989). El concepto de función ha demostrado ser conceptual y prácticamente útil como constructivo, ayudando al investigador de las ciencias sociales a analizar la estructura y las funciones de los sistemas sociales y, al mismo tiempo, a explicar la conducta de los individuos dentro de estos sistemas (Merton, R. (1957); Davidson, K. (1990).

La teoría de función trata de explicar la interacción entre personas en organizaciones, enfocándose en la función que ellos desempeñan. La conducta de la función está influenciada por las expectativas de una conducta adecuada en esa posición, y los cambios en la conducta de la función ocurren a través de un proceso interactivo de dar y recibir cierta función (Thompson, C. 2001). Varios estudios indican que los trabajadores sociales en los hospitales experimentan expectativas y percepciones diferentes acerca de sus funciones y tienen conflictos con la definición de trabajo social. La teoría de función está influenciada por las expectativas de lo que se considera una conducta adecuada. Esta teoría es responsable por los cambios en las funciones, y por lo tanto en la conducta de una determinada función (Thompson, C. 2001).

Conceptos Claves en la Teoría de Función:

Durante el Siglo IV B.C.E., el filósofo griego Plato dijo que "ciertas clases de personas deberían de ser permitidas a desempeñar ciertas funciones, debido a que estas personas llevan dentro de sus almas ciertas clases de emociones que podían igualar su propias almas". En su libro *Como a ti te gusta*, Shakespeare escribió sus famosas líneas que sobresaltaron el significado de la representación de la función: *"El mundo es un escenario y todos los hombres y mujeres son simplemente actores"*. Esta es una frase que comienza con el monólogo hablado por el melancólico Jacques en el acto II, escena VII. El monólogo compara al mundo con el escenario, y la vida al juego, y cataloga las siete edades del hombre: infante, estudiante, amante, soldado, justicia, estúpido y segunda niñez. Esta es una de las citas más famosas de Shakespeare. Probablemente se puede considerar como uno de los primeros pronunciamientos acerca de las funciones que la gente desempeña en la vida, y los escenarios por los que pasan antes de encontrar su final.

Merton, R. (1957) define como *función* a la aprobación de un patrón de conductas y expectativas que son atribuidas a una posición social en particular que ocupa una persona. Posición es una condición particular en un sistema de relaciones. Para Merton, R. (1957), los individuos ocupan un grupo de funciones, el cual es un grupo de identidades y expectativas sociales que son prescritas, y que son asociadas con una posición social adquirida. Aquellos grupos de funciones están incluidos en un sistema de relaciones sociales y de expectativas diferentes. Posición y función vinculan las expectativas culturales y del grupo de relaciones que componen una estructura social. Según Campton, B. R., y Galaway, B. (1989), los tres conceptos relacionados con la función son los siguientes:

1. Los conocimientos del grupo de funciones
2. Función complementaria
3. Conflicto de funciones

La función del trabajador social en el centro hospitalario es adquirida a través de la socialización y certificación profesional. La educación y preparación para el desempeño de una función profesional es una forma de socialización secundaria. La socialización primaria ocurre durante la niñez y forma aspectos fundamentales de la identidad de cada persona, tales como funciones de género, etnicidad, raza y clase social. La socialización secundaria es desarrollada durante la socialización primaria y está relacionada con la formación específica del grupo de funciones que un individuo desempeña.

Importante a la noción de la función complementaria y a la reciprocidad es el hecho de que la función o posición son comúnmente relacionadas (Campton, B. R., y Galaway, B. (1989). Si un sistema va a disfrutar la integración, entonces debe haber reciprocidad de expectativas entre los que comparten las funciones. Merton, R. (1957) relaciona la posición con el conflicto de funciones, que según él ocurre cuando existen diferentes percepciones que los trabajadores sociales tienen de sus funciones en el hospital, y la percepción que el personal médico tiene acerca de la función del trabajador social.

Según Davidson, K. (1990), la segunda forma de conflictos de las funciones es aquella función de tensión, que es la experiencia subjetiva que una persona tiene al desempeñar una determinada función. Existen varias formas de tensión de funciones. Por ejemplo, demasiada función es cuando la gente siente que su función demanda mucho. Cuando las funciones no son claramente definidas, estas pueden resultar en ambigüedad de funciones. Cuando las funciones no son claramente articuladas, los actores sufren tensión emocional porque no saben lo que se espera de ellos (Oberhofer, D. B., y Simon, B. L., 1990).

Según Merton, R. (1957) y Davidson, K. (1990), el conflicto de funciones tiene dos formas:

1. Tensión de posición
2. Tensión de función

Según Robbins, S. P. (2008); Merton, R. (1957); y Galaway, B. (1989); los siguientes conceptos de la teoría de función son importantes para los trabajadores sociales:

1. Ciertas funciones son ordenadas (por nosotros y para otros elementos de nuestro sistema social) en relación con nuestra posición dentro de ese sistema.
2. Cada función envuelve a ambas, a nuestras propias expectativas y habilidades y a aquellas expectativas de otras personas.
3. El conocimiento de las expectativas de las funciones implica que existen ciertas normas sociales que marcan los límites de afuera para coincidir en interacciones sin conflictos entre posiciones dentro del sistema y entre sistemas.
4. Existen valores que son emocionalmente responsables en juzgar cómo las personas deberían desempeñar sus funciones, por parte de la persona que ocupa la posición, de la función y de otros.
5. El concepto de función puede ser utilizado para aumentar la base del conocimiento para el uso de la evaluación de los problemas de la situación.

La principal función del personal médico en los hospitales es atender las necesidades médicas de los pacientes, y el trabajo social es considerado como una profesión auxiliar. Puede ser que las restricciones en las actividades de los trabajadores sociales represente una contradicción entre la autoridad de la habilidad y la autoridad legal, en donde el personal médico desea mantener ese poder, y no quiere dárselo a los trabajadores sociales. Esta situación podría impedir que los trabajadores sociales entren a lo que ellos consideran como un derecho a decidir la disposición de los pacientes, inclusive en áreas donde tienen mayor experiencia. Los trabajadores sociales piensan que los problemas psicosociales pertenecen al área de trabajo social. Por el contrario, el personal médico percibe los problemas ambientales como propios de su dominio profesional (Cowles, L. A., y Lefcowitz, M. (1992); Garcés, C. (2002) Si este fuera el caso, el personal médico al encontrar a un paciente con problemas emocionales, probablemente consultaría con el psiquiatra, quien es también médico, en lugar de consultar con el trabajador social, a pesar de que la disposición psicológica del paciente pudiera estar relacionada con problemas sociales. Esto indica que los trabajadores sociales no pueden suponer que al entrar al sistema hospitalario van a desempeñar su función como ellos desearían, basados en su educación profesional. Los trabajadores sociales deben darse cuenta de que la definición de su función en el hospital, ya sea esta en la sala de emergencia, en la UCI o en las salas de medicina general, depende de la cooperación y del consentimiento del personal médico. La función del trabajador social se refiere a la orden legítima de la organización acerca de las expectativas de lo que el trabajador social debe hacer en relación con el personal médico, los pacientes y sus familiares (Barker, R. l. (1999); Cowles, L. A., y Lefcowitz, M. (1992); Garcés, C. (2002).

La discrepancia entre las atribuciones de la función del trabajador social en el centro hospitalario y aquellas funciones que son asignadas por otras personas ha existido desde los comienzos de la profesión. El trabajo social entró formalmente a los hospitales de los Estados Unidos por la invitación del Dr. Richard Cabot en 1905. La función del trabajador social en ese entonces era similar a la del trabajador social del hospital actual, y consistía en ayudar a los pobres. Trabajadoras sociales fueron llevadas al hospital para evaluar si valía la pena recibirlos y darles atención médica. Históricamente, en Inglaterra, los primeros trabajadores sociales (almoneros) eran funcionarios religiosos cristianos cuyo deber era distribuir limosnas a los pobres. Estaban interesados en dar servicios sociales a aquellas personas que necesitaban ayuda, pero los administradores de los hospitales solo querían que evaluaran las necesidades médicas para evitar dar servicios que eran innecesarios (Huff, D. (2008); Davidson, K. (1990)

La discrepancia de las funciones del trabajador social en el centro hospitalario está todavía por resolverse. Los trabajadores sociales dentro del centro hospitalario desempeñan funciones que son diferentes a las que ellos quisieran desempeñar, como: colaborar con el personal médico en la atención a los pacientes; diagnosticar los problemas psicosociales; determinar la elegibilidad de los pacientes para recibir servicios sociales; evaluar y recomendar tratamiento psiquiátrico; ayudar a que los pacientes se recuperen de la crisis; dar psicoterapia; educar al personal médico acerca de trabajo social y de problemas psicosociales.

Como fuera mencionado por Davidson, K. (1990); y Cowles, L. A. y Lefcowitz, M. (1992). Trabajo Social en los hospitales ha desarrollado una fuente de conocimientos y ha influenciado en la atención al paciente al promover el reconocimiento de los componentes psicosociales dentro de la atención médica. El trabajador social en el centro hospitalario trae consigo el modelo de atención de *persona y familia* para la evaluación y el tratamiento, el cual es diferente al modelo médico, cuyo enfoque son los problemas fisiológicos.

Conclusión:

Hasta la fecha no se han conducido estudios empíricos acerca de la percepción que el personal médico tiene de la función del trabajador social en el centro hospitalario, incluyendo la sala de emergencia, la UCI y la unidad de medicina general. Es necesario por parte de los trabajadores sociales y de la profesión aclarar la función del trabajador social en el centro hospitalario, para de esa manera evitar malentendidos. Para continuar con el proceso adquirido hasta ahora, los trabajadores sociales deben continuar redefiniendo su función dentro de los cambios de la orientación económica del sistema hospitalario, mientras que simultáneamente preservan los valores, conocimientos, habilidades y ética profesional.

Bibliografía

Barker, R. l. (1999). The Social Work Dictionary. 4ᵗʰ ed. Washington D C: NASW Press

Campton, B. R., Galaway, B. (1989). Theoretical Perspectives for Social Work Practice. Social Work Process. PP. 123-141. Belmont, CA: Wadsworth.

Carrigan, Z. H. (1974). The Effect of Professional Role on the Perception of Interdisciplinary Social Work Practice in Health Care Settings. Unpublished Doctoral Dissertation. The Catholic University of America. Washington, DC.

Cooley, Ch. H. (1902). Human Nature and the Social Order. New York: Charles Scribner's Sons. Revised end, 1922.

Cooley, Ch. H. (1909). *Social Organization: A Study of the Larger Mind*. New York: Charles Scribner's Sons.

Cowles, L. A., Lefcowitz, M. (1992). Interdisciplinary Expectations of the Medical Social Worker in the Hospital Setting. Health and Social Work, 17 (1), 57-65.

Davidson, K. (1990). Role Blurring and the Hospital Social Worker's Search for a Clear Domain. Health and Social Work, 15, pp.228-234.

Garcés, C. M. (2002). The Social Worker in the Emergency Room. Doctoral Dissertation. Yeshiva University, Wursweiler School of Social Work. New York, NY.

Huff, D. (2008). Missionaries and Volunteers. The Social Work History Station. Boise state University. Pp. 02-20.

Mead, G. H. (1957). Self and Society. University of Chicago. Chicago: Press

Merton, R. (1957). Social Theory and Social Structure. New York: Free Press.

Oberhofer, D. B., Simon, B. L. (1990). Resident Guest. Social Workers in Host Settings. Social Work, (36), Pp. 208-211.

Robbins, S. P. (2008). Organizational Theory. Structure, Design and Implications. San Diego State University. Prentice Hall. Englewood Cliffs, New Jersey.

Thompson, C. (2001). Conservation Theory. A Sloan Work and family. Encyclopedia Entry. Chesnut Hill, M. A: Boston College.

Weber, M. (1947). The Theory of Social and Economic Organizations, ed. Talcott Parsons, Trans. A. M. Henderson and Talcott Parsons. New York Free Press.

CAPÍTULO SIETE

La Teoría de Crisis Como Base para la Intervención del Trabajador Social

Durante los años 1950 y 1960, psicólogos del ego, tales como Allport, Maslow y Erickson trabajaron en el desarrollo de la teoría de crisis. Anteriormente, Hipócrates, un médico dijo: "crisis es un acontecimiento transitorio o permanente de una acción o situación la cual pone en peligro la vida" (Golan, A. l. 1978).

La teoría de crisis es definida como un grupo de conceptos relacionados que pertenecen a las reacciones de las personas cuando se enfrentan con experiencias nuevas. Estas experiencias pueden aparecer en forma de desastres naturales, enfermedades súbitas, pérdidas significantes, cambios en condiciones sociales o económicas y ciclos de vida. Esta teoría sugiere que, cuando las personas experimentan situaciones como trauma o angustia, tienen la tendencia de seguir patrones de respuesta predecibles (Ell, k., 1995). La teoría de crisis se ha desarrollado a causa de la preocupación de las personas que sienten temporalmente sentimientos de angustia o de no poder adaptarse a los problemas de la vida y a eventos de tensión emocional.

Las técnicas modernas de intervención de crisis y su práctica se remontan a la necesidad de expandir métodos de tratamiento psicológico después de la Segunda Guerra Mundial. Las teorías preliminares surgieron en el año 1944 después del incendio de la discoteca de Coconut Grove en Boston, Massachusetts, donde fallecieron 493 personas (Roberts, A. R. 1990). Esta teoría de crisis fue desarrollada por el doctor Eric Lindermann del Hospital de Massachusetts, quien estaba encargado de ayudar a los sobrevivientes de esta tragedia a superar la pena y el dolor. El doctor Linderman, E. (1965), desarrolló una teoría de diferentes fases de dolor y pena por la que los sobrevivientes de desastres pasan, la cual termina cuando ellos aceptan y resuelven su pérdida. Las etapas, según Linderman, son las siguientes:

1. Preocupación
2. Identificación
3. Culpa/hostilidad
4. Desorganización
5. Quejas somáticas

La intervención de crisis es particularmente importante para los trabajadores sociales que diariamente encuentran a muchos de sus pacientes en los hospitales (salas de emergencia, unidades de cuidados intensivos, clínicas de salud mental, entre otros sitios), en situaciones de trauma emocional, desasosiego y ansiedad. El proveer intervenciones adecuadas a las personas en situaciones de crisis y tensión emocionales parte de la práctica diaria del trabajo social, y la intervención de crisis es de interés legítimo de los trabajadores sociales. El riesgo de perder a un paciente debido a la muerte es una realidad presente en los hospitales. Lo mismo sucede en las clínicas de salud mental, en donde las situaciones de crisis pueden aparecer en cualquier momento, especialmente si el paciente presenta riesgos como intención de suicidio u homicidio.

Ejemplo:

Un adolescente presenta síntomas de depresión con intenciones suicidas durante la sesión con el trabajador social. La intervención requiere una evaluación de la situación de riesgo para el paciente, su familia inmediata y otros. En este caso, se consulta y discute con los padres del menor acerca del riesgo de enviarlo a la casa y su recomendación para la evaluación psiquiátrica en un hospital del área.

Muchas veces, a los familiares se les solicita participar en decisiones de vida o muerte, lo cual puede empeorar la crisis entre ellos. Para poder hacer un apropiado plan de intervención y una adecuada evaluación de este tipo de situaciones es imprescindible ayudar a los familiares a superar la tensión emocional y la crisis. Esto podría tener influencias positivas.

El trabajador social utiliza en el contenido de la orientación de crisis la habilidad de hacer una diferencia. El trabajo social basado en el modelo de la intervención de crisis puede asistir a los familiares de los pacientes al reducir el trauma que, con frecuencia, es heredado durante la admisión en el hospital. El enfoque del trabajador social es sobre lo que está sucediendo en el presente y no tanto en relación con el pasado.

La reacción a enfermedades e incluso a la muerte es variada entre los miembros de la familia. Como ya se mencionó en el capítulo 3, La Dra. Kübler–Ross (1969), quien fue pionera en los métodos de intervención de apoyo emocional y consejería de trauma personal y aflicción, desarrolló un modelo de la pena en cinco etapas:

1. Negación
2. Cólera
3. Negociación
4. Depresión
5. Resignación

Mientras que el punto de atención de Kübler-Ross (1969) fue en la muerte y el duelo, el ciclo de la pena es una perspectiva útil para entender nuestras emociones y las respuestas emocionales de otras personas que sufren y cambian, sin preocuparse por la causa. Estas etapas también se pueden transferir a los cambios personales y emociones que son el resultado de factores diferentes a la muerte. Reacciones similares se pueden observar en personas que sufren traumas diferentes a la muerte y al duelo, tales como la redundancia en el empleo, mudanzas forzadas, víctimas de crimen, víctimas de violencia doméstica, incapacidad física o mental, rompimiento de relaciones interpersonales, problemas financieros (Chapman, A. 2006-2010).

Los traumas y trastornos emocionales son la causa de diferentes efectos en las personas. Mientras que la muerte y la gravedad son, para muchas personas, las situaciones más extremas en el trauma, las personas sienten similares molestias emocionales cuando se enfrentan con los retos de la vida cotidiana, especialmente si se enfrentan con algo difícil por primera vez, y/o si el reto parece amenazar ciertas áreas de debilidad emocional, la cual se presenta de diferentes maneras. La desesperación y angustia de una persona (cambio de trabajo, peligro, riesgo, miedo, etcétera), pueden no ser causa de ninguna amenaza para otra persona. Este modelo nos recuerda que la percepción de otras personas es diferente de la nuestra, ya sea que somos nosotros los que estamos consternados, o el que esté ayudando a otro a enfrentar el problema (Chapman, A., 2006-2010).

Dado el énfasis de la intervención de crisis y apoyo emocional con pacientes y sus familiares, se puede postular que Trabajo Social tiene una oportunidad significativa para contribuir en cualquier situación que requiera de su intervención. El trabajador social no puede evitar tener que trabajar con pacientes/clientes que padecen de condiciones crónicas y enfermedades que les limitan la vida, con familias en zozobra, con situaciones de muerte, pena, miedo, ansiedad, traumas emocionales, depresión, y con personas de diferentes condiciones psicosociales. El trabajador social es retado constantemente a demostrar sus destrezas clínicas y dar servicios directos e indirectos a pacientes/clientes y familiares de estos. De la misma manera, también tienen la oportunidad de influenciar a otros grupos de profesionales de la salud y al público acerca de las enfermedades que afectan la vida humana, de los que atienden a los pacientes y también a los afligidos.

Todos, en un momento dado de nuestra existencia, vamos a enfrentar tragedias y desastres y situaciones de crisis que luego se pueden convertir en traumas emocionales difíciles de superar. Por ejemplo, la muerte de los seres queridos, el dolor que supone la emigración y sus consecuencias, el temor de ser deportado como en el caso de los inmigrantes extranjeros, la separación familiar, los problemas económicos como consecuencia del desempleo, la violencia doméstica, los conflictos familiares, los desastres naturales, etcétera. La práctica de Trabajo Social conlleva un proceso que determina la intervención profesional, con respecto a lo que hay que hacer, cómo hacerlo y en qué orden, con el objetivo de conseguir que las personas puedan superar los obstáculos que los afligen.

Conclusión:

En resumen, la intervención del trabajador social en situaciones de crisis y desastres naturales es importante por las siguientes razones:

1. Identifica y controla situaciones de crisis.
2. Provee intervención de crisis.
3. Promueve intervenciones para aliviar síntomas específicos y reduce el riesgo de tensión emocional.
4. Evalúa la reacción del medio ambiente y conecta a la víctima, la familia y los que atienden a las víctimas con los recursos disponibles de la comunidad.
5. Identifica intervenciones psicosociales.
6. Evalúa y administra aspectos psicosociales del dolor.
7. Valoriza la efectividad de la intervención de crisis.

Todas estas ventajas adquiridas por la intervención del trabajador social en situaciones de crisis tienen la posibilidad de promover salud mental a las víctimas, a sus familiares y a los rescatistas. Personas fuera de la profesión de trabajo social tienen la posibilidad de no estar familiarizadas o informadas acerca de la variedad de servicios y destrezas que son desempeñadas por los trabajadores sociales. Falta de conocimiento de lo que los trabajadores sociales hacen puede crear conflictos en la colaboración con otros profesionales en el suministro de servicios. La intervención eficiente del trabajador social en situaciones de crisis depende en parte en cómo otros profesionales y el público perciben a la profesión de trabajo social.

El reto para los trabajadores sociales es poder demostrar la relevancia de su capacidad profesional y destrezas clínicas para mejorar la condición de las víctimas de crisis y atender las necesidades emocionales de sus familiares (Garcés, C., 2002). Los trabajadores sociales deben contribuir en iniciativas de investigación no solamente para demostrar la eficiencia de la profesión y la intervención, sino también para promover el reconocimiento entre colegas de otras profesiones acerca de la importancia de identificar y comunicar las necesidades psicosociales y emocionales de las víctimas y sus familiares. Los trabajadores sociales deben entender que desempeñan una función importante en identificar la tensión traumática y las reacciones de ansiedad en los familiares de las víctimas de crisis.

Bibliografía

Golan, N. (1978). *Crisis Intervention*. New York: Free Press.

Elk, K. (1995). Crisis Intervention: Research Needs. Encyclopedia of Social Work, 18th ed. pp. 660

Chapman, A. (2006-2010). The Elizabeth Kübler-Ross "Grief Cycle. Recuperado de http:/wwstages of grief.htm

Garcés, C. M. (2002). Doctoral Dissertation. The Social Worker in the Emergency Room. Yeshiva University, New York.

Kübler-Ross, E. (1969). *On Death and Dying: What the Dying have to teach to doctors, nurses, the clergy, and their Families*. Publisher: Simon & Scuster. Adult Publishing Group. Edition number 1.

Linderman, e. (1965). Symptomatology and management of acute grief. In H. J. Parad. Ed., Crisis Intervention Selective readings, pp. 909-916. Washington D C: NASW Author.

Roberts, A. R. (1990). *Crisis Intervention Handbook: Assessment, Treatment and Research*. Beltmont, CA: Wadsworth.

CAPÍTULO OCHO

Trabajo Social y Competencia Cultural

La actividad diaria del autor con pacientes y familiares que solamente hablan español en un país de habla inglesa demuestra un entendimiento acerca de la complejidad de la sala de emergencia —la cual es la entrada al hospital y de la Unidad de Cuidados Intensivos, así como también de las unidades de Medicina General. Estas experiencias también se pueden extender a otros pacientes y familias de otros países de diferentes idiomas. Aquellos trabajadores sociales que no hablan español, frecuentemente tienen problemas comunicándose con los pacientes y sus familiares. El autor tiene conocimiento y experiencia en esta área por haber trabajado en el Bronx Lebanon Hospital Center por más de dos décadas, y haber sido admitido, además, en un hospital cuando recién arribó a los Estados Unidos sin saber el idioma inglés, siendo entrevistado por personal médico que no hablaba español. Por lo tanto, entiende muy bien los problemas que los pacientes y sus familiares encuentran cuando son entrevistados por personas que no hablan su idioma. "La competencia cultural son los conocimientos, actitudes, conductas e incluso políticas que capacitan a un profesional para trabajar en diferentes contextos interculturales. La competencia cultural depende de cada profesional para ganar capacidades interculturales" (Campinha-Bacote, J., 1998).

El Trabajo Social moderno tiene que adaptarse al mundo globalizado, donde las instituciones están impactando las reglas y las prácticas unilaterales. El aumento progresivo de usuarios socioculturalmente diferentes, especialmente en los centros hospitalarios, constituye un importante reto para los trabajadores sociales. El propósito del trabajo social ha sido definido por la Asociación Internacional de Trabajadores Sociales y la Federación Internacional de Trabajadores Sociales (2001), como "una profesión que promueve cambios sociales, solución en las relaciones humanas y dar poder para la liberación de las personas para mejorar su bienestar social". Utilizando las teorías de conducta humana y de sistemas sociales, el Trabajo Social interviene en los lugares donde las personas se relacionan con su medio ambiente. Los principios de los derechos humanos y justicia social son fundamentales para el Trabajo Social.

Esta aserción de un grupo de representantes de Trabajo Social alrededor del mundo afirma claramente los elementos que abarca la práctica moderna de esta profesión, la relación entre el mundo exterior y las experiencias psicológicas internas del individuo. Para entender mejor cómo poder ayudar en estas circunstancias, los trabajadores sociales tienen que desarrollar la capacidad de evaluar e intervenir en una variedad de lugares con individuos, familias y personas de diversos grupos étnicos. Tales actividades tienen que ser entendidas en el contexto de funciones legales, requerimientos de instituciones, necesidades y deseos de servicios de los usuarios, con el fundamento firme contra el racismo y la discriminación. Las fronteras entre países están disminuyendo como resultado de presiones económicas, geopolíticas y regionales, guerras, conflictos internos y étnicos que provocan, entre otras cosas, migraciones. Por lo tanto, la competencia cultural en Trabajo Social es una necesidad y también es una expectativa de todos los servicios públicos que deben reflejar el aumento multicultural en una sociedad étnicamente diversa, sociedad, país o región donde habitamos (Walker, S., y Beckett, C., 2004-2005).

Ciertas clases de lenguaje connotativos pueden ser ambivalentes, causando malentendidos que pueden alarmar al paciente, así como también a sus familiares. Es esta la razón por el cual el trabajador social, el paciente y sus familiares podrían terminar en situaciones conflictivas. Existe la necesidad de una comunicación adecuada entre el trabajador social, los pacientes y sus familiares. Los obstáculos del idioma se podrían superar siempre y cuando se hable el mismo idioma de los pacientes o sus familiares. La comunicación no es fácil, aun cuando las personas tienen la misma historia de experiencias y valores compartidos, o hablan el mismo idioma. Existen casos de parejas que han convivido juntas más de treinta años, y siguen teniendo malentendidos. No es sorpresa, por lo tanto, encontrar falta de comunicación entre personas que no se conocen. Cualquier cosa que uno diga puede ser escuchada de forma diferente por otra persona o puede ser malinterpretada.

Lum, D., (1999), define la competencia cultural "al grupo de conocimientos y destrezas que el trabajador social y otros profesionales de salud tienen para poder ser competentes con pacientes multiculturales". El trabajo social multicultural trata con diferentes componentes de la cultura, los cuales incluyen: género, raza, orientación sexual, religión, etcétera. Green, J, (1999), autor de *Cultural Awareness in the Human Services*, estaba en lo cierto cuando dijo que la práctica de la competencia cultural requiere tener base de conocimientos, adiestramiento profesional e intervenciones adecuadas para poder comparar y entender a personas de culturas diferentes. Como fue mencionado por Betancourt, J. R. (2001), cultura es un conjunto de creencias aprendidas, valores compartidos, estilos de vida y de comunicación, práctica, costumbres y puntos de vista en lo que respecta a las funciones y relaciones sociales.

No todas las personas que hablan el idioma español son iguales, por el contrario, tienen diferentes historias sociales, valores, costumbres culturales y religiosas. Los países del habla española son geográficamente diferentes, tienen costumbres específicas, y también tienen mezclas étnicas y raciales. Las personas de Latinoamérica están asociadas con diecinueve países de habla hispana, en el Caribe, América Central y Sudamérica. Estos países son: Cuba, República Dominicana, Puerto Rico, Costa Rica, El Salvador, Nicaragua, Panamá, Guatemala, Honduras, México, Bolivia, Paraguay, Uruguay, Ecuador, Venezuela, Colombia, Chile, Perú y Argentina. La excepción es Brasil donde el idioma oficial es el portugués.

Cuando el trabajador social es de un país diferente o de diferente grupo étnico al del paciente, los malentendidos son comunes. El trabajador social que no tiene conocimientos del idioma o de la cultura del paciente tiene que tener cuidado de no hacer falsas suposiciones acerca de las expectativas en el tratamiento a recibir. El trabajador social y el paciente traen sus propios patrones culturales a la experiencia de la entrevista, que deben ser resueltos para así poder obtener igual acceso y calidad de tratamiento.

Definición de Competencia Cultural:

En la literatura norteamericana se ha reconocido que existen problemas importantes con respecto a la provisión de servicios socio-sanitarios a personas procedentes de diferentes grupos étnicos. No solo existen problemas con la nomenclatura, sino también con los conceptos básicos que exigen aclaración. No existe una definición concreta de lo que significa competencia cultural. Competencia cultural en el centro hospitalario se puede definir como la disponibilidad de este sistema en proveer servicios médicos a personas de diversos valores, creencias y conductas, incluyendo la adaptación a los servicios ofrecidos y que cumplan con las necesidades psicosociales, culturales y lingüísticas de estas (Betancourt, J. R., 2001). La revisión de la literatura muestra varias definiciones de competencia cultural por parte de los siguientes autores: Phillips, K. A., Mayer, M. L., y Aday, A. (2000); Langer, N. (1999); Ryn, R., y Burke. (2000). Casi todas las definiciones hacen mención de la necesidad de que tanto el sistema de salud como de sus proveedores tienen que estar atentos para poder responder a las diversas perspectivas socioculturales de los pacientes que son atendidos por ellos.

Para entender la definición de *competencia cultural*, primero es importante entender el significado de la palabra *cultura*. Según Chamberlain, mS. P. (2005), cultura representa "valores, normas y tradiciones que afectan la manera en cómo un grupo en particular percibe, piensa, interacciona, se comporta y hace juicios acerca del mundo donde vive". Nine-Court Carmen, J. (1984) define la cultura como el conjunto de conocimientos humanos que incluye conductas, creencias, actitudes, valores y experiencias que son de inmenso valor. Esto también incluye cosas que pueden ser ofensivas a la dignidad y bienestar social para otras personas cuya estructura cultural es diferente. El beneficio de la competencia cultural es que elimina las disparidades raciales y étnicas al proveer servicios de salud, incluyendo la salud mental.

Obstáculos Competencia Cultural:

Aunque el idioma es importante, este no es el único obstáculo. Obstáculos pueden ser cualquier aspecto de la atención de la salud que contribuye al mal uso de esta. Los obstáculos pueden afectar la calidad de los servicios ofrecidos y contribuir a las disparidades raciales y étnicas, los cuales incluyen:

1. Falta de diversidad en el centro de salud.
2. Centro de salud diseñado inadecuadamente para reunir las necesidades de la diversa población de pacientes.
3. Problemas de comunicación entre los proveedores de la salud y los pacientes de diferentes grupos étnicos, culturales y religiosos.

Mientras que la competencia cultural es ampliamente reconocida como un componente importante para la eliminación de disparidades en los centros de salud, los esfuerzos para definir e implementar esta idea continúan (Fortier, P. J., Shaw-Taylor, Y., 1999; Brach, C., Fraser, E., 2000). Hay cinco elementos que contribuyen a los sistemas o a la diversidad de la institución a ser culturalmente competentes. Según Cross, I., Bazron, B., y Isaccs, M. (1989), estos cinco elementos se manifiestan a todo nivel institucional, incluyendo regulaciones de administración y de práctica. Además, estos elementos deben reflejar las actitudes, estructuras, regulaciones y servicios que ofrece la institución.

1. Diversidad de valores
2. Capacidad de madurar individualmente
3. Capacidad de entender las dinámicas de diferentes culturas
4. Conocimiento de la institución sociocultural
5. Desarrollo de adaptaciones para proveer servicios que reflejen entendimientos culturales diversos

La competencia cultural es uno de los principales ingredientes para eliminar las disparidades en los servicios de la salud, y es por eso que, cuando los trabajadores sociales, el personal médico y los pacientes hablan acerca de problemas psicosociales y de salud sin darse cuenta de las diferencias culturales que se presentan durante su interacción, estas terminan intensificándose. Simplemente, los centros de salud que respetan y responden a las creencias de salud física y emocional, a las prácticas y a las necesidades socioculturales y lingüísticas de diversas personas, pueden ayudar para la creación de resultados positivos en los servicios de salud. Para poder desarrollar la competencia cultural se requiere examinar las preferencias y prejuicios, buscando modelos a seguir, y compartir cuanto tiempo sea posible con otras personas que tengan pasión por la competencia cultural. El término de *competencia multicultural* salió en la publicación de salud mental del psicólogo Paul Pedersen en 1998, por lo menos una década antes de que el término *competencia cultural* se hiciera popular. Según Coon, D. (2001), la mayoría de las definiciones de competencia cultural son compartidas entre la diversidad de profesionales que provienen del sector de la salud.

Algunos beneficios de construir la competencia cultural en una organización, según Carter, R. (1999) son:

1. Aumenta el respeto y entendimiento mutuo entre los involucrados.
2. Aumenta la creatividad para resolver problemas a través de nuevas perspectivas, ideas y estrategias.
3. Disminuye sorpresas no deseadas que pueden retrasar el progreso.
4. Aumenta la participación y colaboración de otros grupos culturales.
5. Aumenta la confianza y cooperación.
6. Ayuda a superar el miedo a cometer errores, a la competición o al conflicto. Por ejemplo, al entender y aceptar muchas culturas, hay más posibilidades de que las personas se sientan más cómodas.
7. Promueve inclusión e igualdad.

Conclusión:

A medida que los Estados Unidos se convierten en una nación racial y étnicamente diversa, los trabajadores sociales necesitan responder a las diferentes perspectivas, valores y conductas del bienestar de las personas a quienes proveen servicios. Falta de conocimiento y entendimiento de las diferencias sociales y culturales pueden resultar en consecuencias negativas con personas de culturas y de grupos étnicos diferentes. La adecuada intervención requiere que, tanto los trabajadores sociales así como también el personal médico, respeten a la persona que requiere de sus servicios profesionales. Esto implica el respeto tanto por las creencias acerca de los problemas médicos o emocionales, como la posible solución al problema que presenta el paciente. La competencia cultural en esta área conlleva conocimientos generales de las acciones asistenciales que son habituales en la sociedad mayoritaria de las instituciones implicadas, y de la manera en que están separadas culturalmente, lo que puede dificultar una eficiente intervención, ya sea porque ofrecen servicios que son culturalmente inapropiados o no los tienen.

Los administradores de los centros hospitalarios deberían desarrollar estrategias para contratar, retener y promocionar dentro de todos los niveles de las instituciones equipos diversos de profesionales multiculturales y un liderazgo que represente las características demográficas del área donde proveen servicios de salud. Los pacientes y familiares que pueden comunicarse con el trabajador social o con el personal médico, demuestran niveles elevados de satisfacción. Construir organizaciones culturalmente competentes, significa cambiar lo que las personas piensan de otras culturas, cómo se comunican y cómo operan. Significa que la estructura, liderazgo y actividades de una organización, deben reflejar muchos valores, perspectivas, estilos y prioridades. Debido a que el cambio social y económico es cada vez más rápido, las organizaciones empiezan a entender la necesidad de poseer competencias culturales. Nos estamos dando cuenta de que, si no mejoramos nuestras habilidades, nos estaremos buscando una paralización organizativa y cultural.

Bibliografía

Brach, C., Fraser, I. (2000). ¿Can Culturally Competency Reduce Racial and Ethnic Disparities? A Review and Conceptual Model. Medical Care Research review. 1. 181-217.

Betancourt, J. R. (2001). Cultural Competence- Marginal or Mainstream Movement? New England Journal of Medicine; 351: 953-955.

Campinha-Bacote, J. (1998). A model and instrument for addressing cultural competence in health care. Journal of Nursing Education, 38 (5), 204-207. Google Scholar.

Carter, R. (Ed.). (1999). *Addressing cultural issues in organizations: Beyond the corporate context.* Thousand Oaks, CA: Sage Publications.

Chamberlain, S. P. (2005). Recognizing and responding to cultural differences in the education of culturally and linguistically diverse learners. Intervention in School and Clinics, 40 (4), 195-211.

Coon, D. (2001). *Introduction to Psychology. Gateways to Mind and Behavior.* Ninth Edition. Warthworth.

Cross, T. Bazron, B., Dennis, K., Issacs, M. (1989). Towards a Culturally Competent System of Care. Volume 1. Washington, DC. Georgetown University Child Development Center. CASSP Technological Association.

Federal Register. (2000). Minority Health and Health Disparities Research and Education Act of 2000.

Fortier, P.J., Shaw-Taylor, Y. (1999). "Cultural and Linguistics Competence Standards and Research Agenda Proyect". Part One: Recommendations for National Standards. Resources for Cross-Cultural Health Care. Silver Springs, MD: Office of Minority Health.

Green. J. (1999). Cultural Awareness in the Human Services. 3era.ed. Englewood Cliffs, NJ: Prentice hall.

International Association of Schools of Social Work and the International Federation of Schools of Social Work. (2001), in BASW, 2002.

Langer, N. (1999). Culturally Competent Professionals in Therapeutic Alliances Enhance Patient Compliance. Journal of Health Care for the poor and underserved. 19-26.e.

Lum, D. (1999). Culturally Competence Practice. Pacific Grove, C A: Books/Cole.

Nine-Court, Carmen Judith. (1984). Non-verbal Communication in Puerto Rico. Cambridge, Massachusetts.

Ryn, R., Burke, J. (2000). "The effect of patient race and socioeconomic status of physicians' perception of patients". Social Science and Medicine. 50: 813-828.

OMH US Department of Health and Human Services. Office of Minority Health. (2001).

Phillips, K. A., Mayer, M. L., Aday, A. (2000). Barriers to Care Among Racial/Ethnic Groups Under Managed Care. Health Affairs. 19: 65-75.

Sadye, L., Logan, M. (2012). Cultural Competence and Ethnic Sensitive Practice in Social Work. Oxford University Press.

Walker, S. Beckett, C. (2004-2005). *Social Work Assessment and Intervention*. Russel House Publishing.

CAPÍTULO NUEVE

La Familia, su Importancia y sus Principales Transformaciones Socio-históricas

Hasta hace poco tiempo, muchos norteamericanos estaban de acuerdo en que la vida familiar estaba compuesta por un grupo de creencias tan dispersas que estas fueron aceptadas como hechos reales. En los Estados Unidos, las familias inmigrantes tienen que sortear muchos retos con relación a su sustento, vivienda y la educación de sus hijos. Algunos obstáculos son la falta de educación, el no saber hablar o escribir en inglés, la falta de familiarización con las costumbres norteamericanas, la dificultad para encontrar trabajo, o uno que pague lo suficiente como para mantener a la familia, y la dificultad en acceder a programas de asistencia social y económica, entre otros.

La Familia Tradicional:

Según el modelo tradicional, una familia está compuesta por una pareja de casados y sus hijos menores viviendo juntos en la misma residencia. El padre es la cabeza de la casa, quien debe trabajar y ganar dinero y decidir el lugar de residencia de la familia, y su apellido será el de su esposa y de sus hijos. Las principales responsabilidades de la madre serán ser compañera y ayudante, así como también planificadora de la educación de los hijos y de su desarrollo, quedándose en la casa para dedicar tiempo completo a las tareas de crianza y ama de casa. Las familias que no cumplen con estos mandatos pueden ser consideradas como "familias problemáticas". El matrimonio es un compromiso de toda la vida, y el sexo debe ser limitado al matrimonio. Los padres tienen la responsabilidad del cuidado de sus hijos hasta que entren a la escuela por primera vez y también después de ese tiempo los padres son libres de disciplinar y atender a sus hijos de la manera en que ellos crean posible sin interferencia de otros (Mintz, S., 1988).

La Familia Moderna:

El modelo de la familia tradicional se está perdiendo cada vez más. Ahora la familia moderna ha dado el salto a la sociedad, y las uniones entre personas son distintas. También la función que cada persona desempeña en la familia ha cambiado mucho en los últimos años. La familia moderna se diferencia de la tradicional en cuanto a varios detalles. La función de la mujer ha ido tomando una función importante en la sociedad durante los últimos años y se ha ido incorporando cada vez más en varios aspectos, como en el ámbito laboral, político y en la familia. La familia norteamericana de hoy es totalmente diferente de aquella de hace tres décadas. Hoy en día, el término *familia* ya no está ligado exclusivamente a lo conyugal o a familias nucleares compuestas por el esposo, esposa y los hijos dependientes. Esto se aplica a casi cualquier grupo de personas que viven juntas. Estos grupos incluyen: padres solteros, parejas mixtas, compuestas por padrastros e hijastros, o padres adoptivos y sus hijos, y parejas que cohabitan fuera del matrimonio, incluyendo parejas homosexuales.

Una familia moderna puede estar compuesta por una pareja y sus hijos, también puede estar compuesta por padres solteros, ya que actualmente el número de divorcios y separaciones ha aumentado en diferencia a años anteriores. Los padres solteros también sienten la necesidad de volver a encontrar otra pareja, es por eso que existen estos tipos de familia en la sociedad. Muchas parejas deciden separarse porque la relación no funciona. La mejor opción que se puede tomar en este tipo de situaciones es que cada uno haga su vida por su lado.

Los Hijos en la Familia:

Quizás, la situación de la familia moderna sea más complicada cuando hay hijos. Los hijos pueden rechazar al principio una nueva pareja. Al comienzo de una nueva relación, no es fácil aceptar a la nueva persona en la familia debido a que los hijos sienten inseguridad de perder el lugar que ocupan, pero con el tiempo seguramente aprenderán a aceptar a la nueva pareja y se acostumbrarán a tener a esa persona a su lado. La vida de las familias norteamericanas de hoy es muy diferente de la de décadas anteriores. Por las pasadas tres décadas, los casos de divorcios han aumentado, así como también el número de mujeres que son jefas de familia o madres solteras. Hoy en día, más de la mitad de las madres con hijos en edad escolar trabajan fuera de la casa, más de un cuarto de todas las familias tienen un padre, y más de la mitad de todos los niños de tres a cinco años de edad están matriculados en guarderías o nidos. A través del curso de una generación, el número de niños por familia ha disminuido en la mitad (Pew Research Center, (2015).

Comparadas con las familias de hace tres décadas, las familias de hoy están más aisladas de la vida pública y de funciones especializadas. La familia no solamente ha dejado de ser una unidad productiva, sino que sus funciones de cuidar del anciano, ayudando a los pobres y educando a los jóvenes han sido asumidas por instituciones públicas que abarcan desde agencias de compañías de seguros, bancos, organizaciones de asistencia pública, hospitales y escuelas. Como muchas de las funciones tradicionales económicas, educacionales y de asistencia pública fueron transferidas fuera del hogar, la familia dejó de ser autónoma, independiente y la unidad de suficiencia personal. Por el contrario, la familia se ha concentrado en la desocialización de los niños y provisión de apoyo y afecto emocional.

Transformaciones de la Familia y su Problemática:

Para cualquier sociedad, la importancia de la familia radica en que esta constituye un escenario privilegiado para la crianza, socialización de los hijos y transmisión de los valores que van a formar al individuo. Su caracterización depende de coyunturas históricas y legados culturales específicos. La familia, desde hace años, ha sido el espacio donde el ser humano nace, crece, se desarrolla intelectual y emocionalmente para entonces ser preparado para cuando tenga que hacerse responsable dentro de la sociedad. Es también en este núcleo familiar en donde se crean las herramientas necesarias para el enfrentamiento de problemas, toma de decisiones, que día a día se presentan en la vida diaria.

Como institución social, la familia expresa los patrones culturales que se presentan en una colectividad, en un espacio y en un tiempo determinado, es decir, la familia influye en el medio social y, a su vez, los diversos cambios históricos, sociales y económicos la influencian a ella. Hoy se puede afirmar que la familia ha cambiado notoriamente, si se compara con el modelo existente de la década del sesenta, cuando estaba constituida por una estructura vertical: el poder de decisiones recaía en el padre, donde las madres se encargaban de las labores domésticas, y los conflictos en su interior pertenecían al ámbito privado. El modelo actual permite cuestionar la estructura anterior y buscar una estructura horizontal en donde prevalezcan la corresponsabilidad y la equidad de género, donde hombres y mujeres independientemente de sus diferencias biológicas, tienen derecho a acceder con justicia e igualdad al uso, control y beneficio de los mismos bienes y servicios de la sociedad, así como a la toma de decisiones en los ámbitos de la vida económica y política.

Es necesario notar que el contexto familiar actual es más complejo, debido a la manera como se formalizan las uniones y las rupturas conyugales. Prevalecen en la actualidad las uniones de hecho por encima del matrimonio católico o civil y de otros ritos religiosos; y se han multiplicado las separaciones conyugales, dando lugar a nuevas uniones de hecho y de nuevos matrimonios. Es por lo anterior que la importancia de cada uno de sus miembros es vital en el desarrollo óptimo e integral de la familia completa. Pero

¿qué sucede cuando uno de los miembros, y sobre todo aquellos que son los fundadores y los principales actores de la creación de una familia, faltan o tienen que irse? Los padres son los principales personajes, pues de ellos dependen las bases o estructuras iniciales donde se pararán y sostendrán los demás miembros siguientes, son los idóneos para que todos se desenvuelvan fuerte tanto física como emocionalmente.

Cuando se habla de familias migrantes, el padre, aquel que transmite una de las fuerzas necesarias para sus hijos, es el principal ausente, simplemente no se encuentra en casa, en su hogar, con su familia. Desafortunadamente, de tantas razones por las cuales los miembros de una familia se separan, a pesar de tener vínculos que los unieron, se encuentra la migración. La migración es el proceso de separación aún más difícil pues los miembros de la familia no han roto sus lazos emocionales, sino que estos son rotos por la distancia, por la lejanía, se ha puesto tierra de por medio entre ellos, solo por una vida mejor, pero ¿qué tiene la vida de mejor cuando se separan los seres queridos que más se aman? Porque muchas veces solo se habla del sufrimiento del migrante al separarse de su familia, pero ¿y qué hay de la parte del dolor de separarse de los padres, de los hijos, de la esposa, de la novia, de las amistades, de sus espacios, de sus costumbres, del barrio, de una vida, o la contraparte, el dolor de la familia, cuando ven partir al conocido, al que extraña alguien? Por diferentes razones, sin rumbo más que la meta de un sueño es lo que los mantiene firmes en su decisión, con la desesperanza en su país o su ciudad, con las injusticias, con los familiares en el corazón y en la mente, el miedo no existe o, por lo menos, no debe mencionarse porque debilita.

Teoría de Sistemas de Familias:

La Teoría de Sistemas de Familia es una teoría que fue introducida por el Doctor Bowen, M. (1991-2010), que sugiere que los individuos no pueden ser entendidos en aislamiento uno de otro, sino como parte de su familia, porque la familia es una unidad emocional. La Teoría de Sistemas de Familia ofrece un modelo útil para explicar tanto el funcionamiento de las familias normativas como el de las nuevas familias, ofreciendo una estructura que permita integrar el conocimiento que aportan otros modelos teóricos, lo que ratifica su carácter interdisciplinario e integrador.

El Sistema Familiar:

Según Bowen, M. (1991-2010) y Guillen, F., et al (2016), la familia es un sistema en el cual cada miembro tiene una función que desempeñar y reglas que respetar. Las expectativas de los miembros del sistema familiar son que ellos deben responder de cierta manera de acuerdo con su función, la cual es determinada por los acuerdos de la relación. Dentro de las barreras del sistema familiar, se desarrollan patrones de conducta, ya que las conductas de ciertos miembros de la familia se pueden anticipar. El mantener el mismo patrón de conductas dentro del sistema familiar puede conducir al balance y también a su disfunción. Por ejemplo, si el esposo está deprimido y no se puede reponer, o si está ausente, la esposa puede tener que asumir mayores responsabilidades para ayudarlo. El cambio de funciones en la pareja puede mantener la inestabilidad en la relación, también puede conducir a la familia hacia un equilibrio diferente. Este nuevo equilibrio puede llevar a una disfunción cuando la esposa no es capaz de responder a la demanda de esta nueva función por un período largo que pueda durar la depresión o separación física de su esposo. Existen ocho conceptos relacionados con la teoría de Bowen, M. (1988):

1. **Triángulos**: El más estable y pequeño sistema de relaciones. Con frecuencia los triángulos tienen un lado en conflicto y dos lados en armonía, contribuyendo así al desarrollo de problemas clínicos.
2. **Diferenciación de la persona**: La variante de los individuos y su susceptibilidad de depender de otros para su aceptación y aprobación.
3. **Sistema emocional de la familia nuclear**: Los cuatro patrones de las relaciones que definen de dónde se pueden desarrollar los problemas familiares.

    a. Conflictos maritales.

    b. Disfunción de un esposo.

    c. Discapacidad de uno o más hijos.

    e. Distanciamiento emocional.

4. **Proceso de la proyección familiar**: La transmisión de los problemas emocionales de un padre hacia su hijo/a.

5. **Proceso de transmisión multigeneracional**: La transmisión de pequeñas diferencias en los niveles de la diferenciación entre padres e hijos.

6. **Separación emocional**: es el acto de cortar el contacto emocional con la familia como manera de supervisar situaciones emocionales no resueltas.

7. **Posición de hermanos**: El impacto de la posición del desarrollo y la conducta.

8. **Proceso de la sociedad emocional**: El sistema emocional gobierna la conducta en un nivel social, promoviendo períodos progresivos y regresivos en una sociedad.

Según Vasquez, Navarro, C. (2014), la familia contemporánea se ha reducido, retirado sobre la pareja. Habiendo sido un lugar de producción, ya no es más que un motivo para el consumo. La familia ya no asegura las funciones de asistencia de la que en otros tiempos se encargaba. Las funciones que conserva, como la socialización de los hijos, son compartidas con otras instituciones. En esta representación, la célula familiar parece débil.

Vasquez Navarro, C. (2014), identificó diez tipos de familias:

1. **Familia patriarcal**: Sucede cuando un individuo de sexo masculino asume la responsabilidad de jefe del grupo o seno familiar y toma decisiones que afectan el tipo de vida que lleva el grupo o seno familiar; en el caso matriarcal el papel lo asume una mujer, típicamente por su edad o habilidades sociales. El tipo patriarcal es más común en la sociedad occidental donde el hombre tiene un papel dominante en la toma de decisiones no solo en la familia, sino en la sociedad

en general; el tipo matriarcal es un poco más limitado, pero no inexistente, y se llegó a dar en ciertas partes de África, Mesoamérica y Suroriente.

2. **La familia inestable**: No alcanza a ser unida, los padres están confundidos acerca del modo que quieren mostrarles a sus hijos por falta de metas comunes, les es difícil mantenerse unidos, por su inestabilidad, resultando en hijos que crecen inseguros, desconfiados, temerosos y con gran dificultad para dar y recibir afecto.

3. **Familia nuclear**: Padre, madre e hijos comparten un espacio físico y un patrimonio común.

4. **Familia troncal o múltiple**: Varias generaciones conviven bajo el mismo techo (padres, hijos y abuelos).

5. **Familia extensa**: Conviven con otros parientes colaterales, pertenecientes a distintas generaciones (abuelos, tíos, padres, sobrinos, nietos).

6. **Familia monoparental**: este núcleo está formado por un progenitor (padre o madre solteros) y uno o varios hijos. Este tipo de familia es uno de los que más está aumentando en los últimos tiempos.

7. **Familia reconstruida**: Padre o madre con algún hijo/a forman una nueva familia con otra pareja o cónyuge. Es el tercer tipo de familia más común en Europa y los Estados Unidos.

8. **Familia agregada**: Se vive en un régimen de cohabitación que no está certificada legalmente, se suele denominar pareja de hecho.

9. **Familia polígama**: Un hombre y varias mujeres (poligamia). Una mujer y varios hombres (poliandria).

10. **Hogares unipersonales**: Una sola persona, por diversos motivos, es un tipo de hogar que está creciendo en Europa y los Estados Unidos.

Los sistemas familiares contemporáneos son el producto de diferentes doctrinas y compromisos. Una sociedad puramente de contratos no puede existir, y es necesario que la familia, bajo la forma que sea, contribuya al funcionamiento del sistema social.

La Familia Multiproblemática o Disfuncionales:

Según Cancrini, L., y colegas., (1997), las familias multiproblemáticas o disfuncionales son aquellas familias en las que el comportamiento sintomático funciona como un elemento de dificultad y disgregación entre los miembros del sistema familiar. La familia multiproblemática o disfuncional no está definida por la presencia de un síntoma preciso, sino de un estilo de hacer y relacionarse y, desde luego, por una serie de problemas que afectan a un número indeterminado de miembros y que pueden variar cuantitativa y cualitativamente dentro de unos amplios márgenes. Las familias multiproblemáticas o disfuncionales son también uno de los emblemas de la postmodernidad, junto a dos grandes trastornos postmodernos, la anorexia-bulimia y la y a las drogas (Cancrini, L. y colegas., (1997). Las familias multiproblemáticas o disfuncionales tienen una característica que las distingue de las demás, pero hay que entender que no todas las familias con problemas son familias multiproblemáticas o disfuncionales ni tampoco todas las personas en situación de riesgo social provienen de ellas. Las familias multiproblemáticas o disfuncionales son vulnerables debido a su desventaja social, ya que tienen menos recursos personales para hacer frente a los problemas que les ocurren.

Según señalan Rodriguez, A. (2006), Cancrini, L., y colegas (1997) y Minuchin, S., y Fishman, H. C. (1981), las familias multiproblemáticas o disfuncionales tienen las siguientes características:

1. **El nivel social**: La miseria es un factor de riesgo importante para este tipo de patologías, porque la falta de medios y de competencias sociales reconocidas hace más fácil la aparición de comportamientos problemáticos y más difícil la reacción eficaz ante ellos.

2. **Las condiciones de vida**: La organización económica y de la vivienda reflejan desorganización. Las casas, por lo general, presentan precariedad y estado de abandono, no existiendo en ellas una correcta delineación de espacios, lo que se traduce en que niños y adultos no disponen de espacios

propios lo que trae como consecuencia problemas en la definición de funciones y relaciones entre los miembros de la familia.

3. **El ciclo vital**: Las familias tienen un ciclo de vida específico. El futuro de las familias pobres es el desempleo y la dependencia de organizaciones de asistencia pública. Para las familias de profesionales, la escuela es vista como significativa para obtener empleo e independencia.

4. **Comunicación**: A nivel experimental, estas familias viven los acontecimientos como trastornos, que ocurren por casualidad, y se producen rápidas alteraciones emocionales.

El Modelo Sistémico de Intervención:

Según Bowen, M. (1991-2010), Minuchin, S., Fishman, H. C. (1981), y Guillen et al (2016), una de la maneras de empezar la terapia y mejorar el entendimiento de cómo opera el sistema emocional en el sistema familiar es organizando el genograma familiar. Estudiando los propios patrones de conducta, y cómo estos se relacionan con aquellos de la familia multigeneracional, se revelan nuevas destrezas más efectivas de resolver problemas para cambiar las respuestas de la función automática que se espera que uno tome. Este modelo sistémico se ha aplicado intensamente en los últimos años como intervención en trabajo social. Se basa en la Teoría General de Sistemas que se centraliza en abordar los problemas de las personas, considerando que se hallan vinculadas a otros elementos con los que interaccionan sistemáticamente. Se establece así una relación entre la conducta del sujeto y los distintos sistemas en los que está inmerso. Este modelo de intervención tiene influencia de otras teorías, tales como la de comunicación, la de funciones y la de aprendizaje social o ecología.

La Teoría Familiar Sistémica, según Zuluaga, B. (2010), es un conjunto de teorías y técnicas que estudian al individuo en su contexto social. Intenta modificar la organización de la familia, ya que parte de la idea de que cuando se transforma la estructura de la familia, se modifican consecuentemente las posiciones de sus miembros y, como resultado, se modifican las experiencias de cada individuo como parte del sistema. Se considera que el hombre no es un ser aislado, sino que es un miembro activo y reactivo de los grupos sociales.

La terapia estructural de familia estudia al hombre en su contexto social y tuvo su origen y desarrollo en la segunda mitad del siglo XX. Es de suponer que la información, las actitudes y la forma de percibir, son asimiladas por el individuo y lo conducen a actuar de diferentes maneras en el contexto habitual. La familia es, entonces, un factor importante en este proceso. La técnica fundamental de este enfoque consiste en modificar el presente, el "aquí y ahora", y no explorar e interpretar el pasado, aunque no se niega que el pasado tenga influencia en la creación de la organización y funcionamiento actual de la familia, pero lo que interesa es intervenir para cambiar el presente (Zuluaga, B., 2010).

La Entrevista:

Cada sesión de intervención deberá tener etapas, buscando siempre vincular al sistema familiar para generar cambios:

1. Etapa social: ubicación de la familia, presentación de los miembros buscando siempre establecer un clima de confianza.
2. Enfoque del problema: donde se presenta el motivo de la consulta; de aquí se parte el hecho de que muchas veces lo que se consulta no es el verdadero problema. Habrá entonces que observar las emociones (el dolor, la pena, el enojo, la depresión, la ansiedad, etcétera), y la manera de expresarse de los integrantes.
3. Etapa interactiva: donde se pide a los miembros de la familia que hablen entre ellos, por ejemplo: "dígaselo a él/ella, mírele a los ojos y dígale lo mismo que me está diciendo a mí".
4. Etapa en que se concreta el objetivo de la terapia o intervención: la meta a la cual se quiere llegar.

¿Qué no se Debe Hacer?

1. Dar interpretaciones o hacer comentarios.
2. Dar consejos pedagógicos.
3. Permanecer implicado en las emociones de algunos miembros de la familia con respecto al problema.
4. Asumir la función de juez o defensor del más débil.

¿Qué se Debe Hacer?

1. Permitir que cada miembro del grupo exprese su opinión, impidiendo interferencia de otros ya sea con palabras, gestos o miradas.
2. Establecer un clima de respeto mutuo entre los miembros de la familia.
3. Solicitar a cada miembro que se refiera al problema en términos concretos y no aceptar definiciones abstractas como: "nuestra relación es un fracaso total".
4. Observar mientras cada miembro del grupo habla, las actitudes, sus reacciones (hostilidad, fastidio, acuerdo o desacuerdo, complacencia e indiferencia, etcétera).

Contrato Terapéutico:

Se debe ser claro y concreto para garantizar la eficacia de la intervención en función del grado de compromiso de cada uno para el logro de los cambios deseados. Aquí se lleva a cabo el proceso de ayuda psicológica o social, y la meta no es cambiar a la persona, sino capacitarla para que pueda utilizar sus recursos y enfrentar mejor su situación. A través de las técnicas, el psicoterapeuta ayuda a las personas y familias a definir los problemas en sus relaciones, reconociendo qué están haciendo entre ellos, a encontrar alternativas y desarrollar nuevas destrezas que les permitan afrontar sus problemas. La función del psicoterapeuta es elaborar esfuerzos cooperativos con la finalidad de fomentar y apoyar la recuperación de la familia que está funcionando de manera disfuncional, tanto a nivel preventivo como curativo. Este proceso se basa en una perspectiva sistémica que busca influenciar un cambio en las transacciones al interior del sistema familiar que consulta y de este con su entorno social.

Los trabajadores sociales no hacemos terapia familiar propiamente dicha, pero al incluir a la familia en el trabajo de orientación desde una perspectiva sistémica, superamos la noción fundamentalmente asistencialista que hemos tenido y asumimos entonces un enfoque biopsicosocial que permite un manejo más integral de los problemas de la familia. Es este punto de convergencia entre la psicoterapia familiar y la orientación familiar donde hay una clara influencia recíproca y permanente entre quien ayuda y el sistema familiar a quien se pretende ayudar.

Terapia Familiar:

La terapia familiar se basa en la creencia de que la familia es un sistema social único con su propia estructura y con patrones de comunicación. Estos patrones están determinados por muchas cosas, incluyendo las creencias de los padres y sus valores, las personalidades de todos los miembros de la familia y la influencia de otros miembros. La terapia familiar se basa también en los siguientes conceptos:

1. La enfermedad de uno de los miembros de la familia puede ser un síntoma de un extenso problema familiar. Tratar a un miembro de la familia, quien ha sido identificado como enfermo, es como tratar los síntomas de una enfermedad, pero no la misma enfermedad. Es posible que si la persona con la enfermedad es tratada pero no la familia, otro miembro de la familia se enferme. Este ciclo continuará hasta que los miembros de la familia sean examinados y tratados respectivamente.

2. Cualquier cambio en uno de los miembros de la familia afecta a ambos, la estructura familiar y a cada miembro individualmente.

3. Los trabajadores sociales que utilizan el modelo de Sistema Familiar para el tratamiento de personas, siempre consideran

a toda la familia. Ellos ven el problema en uno de los miembros como un síntoma de cambio o de conflicto en el grupo familiar.

El Trabajador Social como Psicoterapeuta Familiar:

1. Enseña a los miembros de la familia acerca de cómo funciona la familia en general y, en particular, cómo funcionan ellos mismos.
2. Ayuda a la familia a enfocarse menos en el miembro que ha sido identificado como "problemático" y se enfoca más en la familia como un todo.
3. Ayuda a identificar conflictos y ansiedades, y ayuda a la familia a desarrollar estrategias para resolverlos.
4. Fortalece a todos los miembros para que puedan trabajar juntos en resolver sus problemas.
5. Enseña maneras de resolver conflictos y cambios dentro de la familia. Algunas veces, de la manera en que los miembros resuelven sus problemas hace que tengan más probabilidades de desarrollar síntomas.

Durante las sesiones de psicoterapia familiar, la capacidad de la familia es usada para resolver sus problemas. Algunos miembros de la familia pueden necesitar cambiar o modificar su conducta más que otros. La psicoterapia familiar es un tipo de terapia muy activa, y a los miembros se les asignan tareas. Por ejemplo: a los padres se les puede pedir que deleguen más responsabilidades a sus hijos. El número de sesiones varía dependiendo de la severidad del problema y del deseo y voluntad de los miembros en participar de la terapia. La familia y el psicoterapeuta preparan metas y discuten el tiempo de duración y las expectativas para alcanzar el objetivo. No todos los miembros de la familia asisten a las sesiones.

¿Qué se Debe Esperar del Tratamiento?

Las personas que participan en las sesiones de terapia familiar aprenden más de ellos mismos y acerca de las funciones de los miembros de su familia. Cualquier persona que tenga una condición que interfiere con su vida diaria o con la vida diaria de los miembros de la familia se puede beneficiar de la terapia familiar. Usualmente, si la familia funciona mejor, la tensión será de menor nivel para la persona con el problema. La terapia familiar ha sido utilizada con buenos resultados para tratar muchos de los diferentes tipos de familias en muchas situaciones diferentes, incluyendo aquellas en las que:

1. Los padres tienen conflictos dentro de su relación.
2. Un niño/a tiene problemas de conducta en la escuela.
3. Niños y adolescentes tienen problemas de relación entre ellos.
4. Uno de los miembros de la familia tiene una enfermedad crónica de salud mental o de problemas de abuso de drogas (depresión, abuso de drogas/alcohol).

¿Es Efectiva la Terapia?

La terapia familiar también puede ser útil antes de que los problemas empiecen. Algunas familias buscan este tipo de terapia cuando anticipan un cambio mayor en sus vidas. Por ejemplo, un hombre y una mujer, ambos con hijos de matrimonios anteriores, pueden beneficiarse de la terapia familiar cuando se casan para ayudar a todos los miembros de la familia a aprender a convivir juntos. Los conceptos de la terapia familiar pueden también ser utilizados en sesiones de terapia individual y son de mucha ayuda para aquellas personas que vienen de familias con enfermedades y otros problemas psicosociales. Los adultos que viven en familias de pobre funcionamiento, así como también los niños, se pueden beneficiar de la terapia individual utilizando los conceptos de terapia familiar.

Riesgos:

1. La terapia familiar puede empeorar el problema si no es guiada adecuadamente por un psicoterapeuta entrenado.

2. La terapia no puede ser suficiente para resolver los problemas si se discontinúa antes de tiempo.

3. La terapia familiar puede ser menos efectiva si es que uno de los miembros de la familia se rehúsa a participar.

Para obtener buenos resultados, todos los miembros de la familia necesitan trabajar juntos con el psicoterapeuta hacia una meta común. Si uno de los miembros rehúsa asistir y participar en las sesiones, otros miembros de la familia pueden seguir beneficiándose al asistir.

La Diferencia entre el Trabajador Social y el Psicoterapeuta:

Los trabajadores sociales y los psicoterapeutas con frecuencia hacen las mismas funciones. Mientras que el trabajador social también puede ser psicoterapeuta y proveer servicios psicoterapéuticos, lo contrario no es cierto, y las dos funciones no son intercambiables.

Trabajo Social:

Trabajo social es una profesión cuyo enfoque es el de mejorar la vida de los individuos, grupos, comunidades y la sociedad. Los trabajadores sociales desempeñan una amplia variedad de funciones para obtener este objetivo. Uno puede elegir desempeñarse como trabajador social clínico, enfocándose en el diagnóstico y tratamiento de problemas emocionales. Como trabajador social de servicios sociales puede ayudar a las personas a satisfacer ciertas necesidades como alimentación, alojamiento y trabajo. Como investigador, puede realizar estudios para mejorar la base de conocimientos de la profesión. Los trabajadores sociales proveen servicios en una variedad extensa de lugares, incluyendo la práctica independiente, hospitales, colegios, universidades, centros de abuso de substancias o alcohol, centros comunitarios de asistencia social, centros penitenciarios, organizaciones sin fines de lucro o en organizaciones internacionales de ayuda en países extranjeros, en centros del sistema penal, entre otras instituciones.

Educación y Adiestramiento Profesional:

Existen diferentes requisitos de educación profesional para la profesión de Trabajo Social en los Estados Unidos, dependiendo en qué área se quiera especializar. Por ejemplo, para trabajar como trabajador social de servicios directos, se requiere como mínimo el título universitario de B.A. en Trabajo Social. Muchas posiciones hoy en día requieren el título universitario de Máster, especialmente si se va a elegir el Trabajo Social clínico. La mayoría de las universidades que ofrecen el título de Máster en Trabajo Social (MSW) ayudan a elegir un campo de estudio específico, tales como salud mental de niños y familias o desarrollo comunitario. Algunos programas de Bachelor y de Máster requieren el internado o trabajo de campo en el área de especialización elegida. Al completar la educación universitaria (cuatro años para Bachelor y dos años para el Máster) se necesita obtener una licencia en el estado de residencia antes de poder obtener empleo. Las licencias varían entre los estados del país.

Bibliografía

Cancrini, 1. Degregorio, F., y Nocerino, S. (1997). Las Familias Multiproblemáticas. En M. Caletti y J. L. Linares (Comps). La Intervención sistémica en los servicios sociales ante la familia multiproblemática. Las experiencias de Cuitat Vella. Barcelona: Paidós.

Bowen, M. (1988). Family Systems Theory: An Approach Based on Therapy. Cowritten with Ken, M.E., at the Family Center at Georgetown University Hospital. New York: Norton & Co.

Colapinto, J. (1982). Structural family Therapy. In A.M Home & M.M. Ohlsten (Eds.). Family Counseling and therapy. Itasca, IL. Peacock.

Guillen, F., Viaplana Damaris, M. C., Victoria Compañ F., Adrián M. (2016). El Modelo Sistémico en la Intervención Familiar. Universitat de Barcelona. Departamento de Personalitat, Avaluación i Tratamentos Psicológicos.

Mintz, S. (1988). Social History of American Family Life. A division of Simon &Schuster Inc. The Free Press.

Minuchin, S., Fishman, H. C. (1981). Técnicas de terapia familiar. Ed. Paidós, Buenos Aires. Barcelona, Mexico.

Pew Research Center (2014). Analysis of Decenial Census and American Community Survey (IPUMS).

Rodriguez, A. (2006). Concepto de Fmilias multiproblemáticas. Recuperado el 22 de Febrero del 2017 de: htpp//www.pricoactiva. com/arti/default.asp.

Vasquez Navarro, C. (2014). "Familia Inestable." Recuperado elde: htpp//wwwPrezi.com

Zuluaga, B. (2010). Una mirada de la familia desde el enfoque sistémico. Las relaciones de trabajo social y procesos familiares. Ed. Editorial Universidad de Caldas, España.

CAPÍTULO DIEZ

Trabajo Social y Cuidados Paliativos en la Unidad de Cuidados Intensivos

Definición de Cuidados Paliativos:

Cuidados paliativos es un método de intervención cuyo propósito es mejorar la calidad de vida de los pacientes, quienes enfrentan problemas que limitan la vida (World Health Organization (2003). Esto se consigue a través de la intervención y el alivio del sufrimiento por medio de la identificación, la evaluación y el tratamiento del dolor, de los problemas fisiológicos, psicológicos y espirituales.

Cuidados Paliativos (WHO definición 2003)

1. Alivian el dolor y otros síntomas de molestia.
2. Afirman la vida con respecto a la muerte como un proceso normal.
3. No pretenden prolongar ni acelerar la muerte.
4. Relacionan los aspectos psicológicos y espirituales en el cuidado del paciente.

5. Ofrecen un sistema de apoyo a los familiares durante el proceso de la enfermedad del paciente y con la pena.

6. Utilizan el método de grupo para enfocar las necesidades de los pacientes y de sus familiares, incluyendo consejería para aliviar la pena si es necesaria.

7. Aumentan la calidad de vida del paciente y también pueden influenciar positivamente en la recuperación del paciente.

8. Son aplicables al comienzo de la enfermedad, junto con otras terapias, con la intensión de prolongar la vida (por ejemplo, la quimioterapia), e incluyen aquellas investigaciones que son necesarias para contener complicaciones clínicas.

Consideraciones Éticas:

Según Manzini, J. (2000), la ética en cuidados paliativos es lo mismo que en medicina general. Los médicos tienen la doble responsabilidad en preservar la vida y, al mismo tiempo, aliviar el dolor. Al final, cuando preservar la vida tiene la tendencia de ser menos posible, aliviar el dolor es importante.

Según Beauchamps, T., y Childres, J. (1983), existen cuatro principios bioéticos que son fundamentales en cuidados paliativos:

1. Respeto por la autonomía del paciente
2. Beneficencia (hacer el bien)
3. No maleficencia (no hacer el mal)
4. Justicia. Distribución de recursos disponibles

Todos estos principios son aplicables al fundamento de:

1. Respeto por la vida
2. Aceptar que la muerte es inevitable

Teniendo en consideración:

1. Que el beneficio de mantener vivo al paciente debe ser balanceado con el potencial de riesgo.

2. Cuando todo el tratamiento para mantener vivo al paciente no ha sido beneficioso, el tratamiento debe ser suspendido y se debe ofrecer tratamiento psicoterapéutico al paciente, así como también a sus familiares.

3. Las necesidades individuales deben ser balanceadas con las de la sociedad.

Según la definición de la National Association of Social Workers (NASW) y el Código de ética (2000), Trabajo Social en cuidados paliativos es definido como una disciplina que provee servicios continuos que enfocan las necesidades psicológicas de los pacientes y sus familiares, que son afectados por una enfermedad seria que limita la vida, para poder mantener o mejorar la calidad óptima de vida. Las actividades del trabajador social en esta disciplina están enfocadas en los componentes psicosociales de la salud física y mental desde una fuerte base de perspectivas, y la intervención se basa en el desarrollo y elaboración de un plan de acción que va a contribuir a un comprensivo plan interdisciplinario de atención paliativa.

La pérdida de pacientes a través de la muerte es un hecho presente de una realidad, especialmente en la Unidad de Cuidados Intensivos (UCI). Aun con el personal médico más experto en esta área y la maquinaria más sofisticada, aquellos pacientes que sobreviven pueden sufrir una larga y prolongada deficiencia en su funcionamiento físico y emocional. La intervención de crisis es relevante para el trabajador social, quien encuentra a muchos de los pacientes y sus familiares en situaciones de crisis, con tensión emocional, depresión, temor, miedo y ansiedad por lo que pueda pasar.

La reacción a enfermedades y a la muerte es diferente en las personas, tanto el enfermo como los familiares pueden reaccionar con depresión, enojo, ansiedad, quejas o gritos. Es común en el hospital, cuando los familiares son informados que la recuperación del paciente es imposible, que algunos de ellos reaccionen con gritos, insultos, o quieran una segunda opinión porque no creen lo que les han informado, o caminen por los pasillos como si buscaran a alguien que les pueda decir que no es cierto lo que han escuchado. Otros sienten pánico, lloran, insultan, gritan y algunas veces amenazan al personal médico, o se van y no regresa. Aguilera, D. C., y Messick, J. M. (1994); Ell, K.,(1995), atribuyen las reacciones de los familiares a los siguientes factores:

1. A la percepción individual a los eventos de tensión.
2. A la disponibilidad de sistemas de apoyo.
3. A los mecanismos de defensa que son utilizados para enfrentar eventos traumáticos.

Todas las personas son capaces de expresar sus emociones a su manera. En los casos en los que el paciente ha fallecido, la intervención del trabajador social es estar ahí presente, siendo sensible a las necesidades emocionales de los familiares, permitiéndoles que expresen sus emociones.

Reacciones Emocionales de los Familiares:

Es sabido que cuando una persona se enferma o que luego se muere, las reacciones emocionales son desbastadoras, especialmente para la familia inmediata del enfermo (padres, abuelos, hijos, hermanos, hermanas, esposo, esposa, nietos, sobrinos y primos). Debido a que mucha energía está enfocada en el enfermo, aquellas personas cercanas pueden parecer invisibles, como si no importaran. Mientras toda la atención está enfocada en el enfermo, los familiares no se dan cuenta de lo difícil que la situación es para ellos también. Hay que recordar que la atención de un ser amado no se debe perder en el proceso. Hay que tener en cuenta que la persona que atiende al enfermo también tiene reacciones emocionales, tales como:

1. Ansiedad
2. Depresión
3. Cólera o enojo
4. Frustración
5. Culpa
6. Angustia
7. Miedo

Los familiares del enfermo tienen la necesidad de:

1. Ser tratados con dignidad y respeto.
2. Participar en la atención médica del enfermo.
3. Ser informados con honestidad acerca de la condición del enfermo.
4. Espiritualidad.
5. Ser libres de dolores físicos y emocionales.

Es también una realidad que diariamente más personas mueren en los hospitales, especialmente en la sala de emergencia y en la Unidad de Cuidados Intensivos. La muerte ya no es un acto personal que solo ocurre en la casa. Según Nuland, B. (1995), hemos creado una manera moderna de morir. La muerte ocurre en los hospitales modernos, donde no se puede ocultar, tampoco purificar de corrupciones orgánicas, finalmente empaquetada para el funeral moderno. El concepto de muerte es más complejo que hace treinta años. Una persona es considerada muerta cuando ciertas funciones biológicas, tales como respirar, dejan de funcionar. El rigor de los músculos es señal evidente de la muerte (Nuland, B. (1995) En el pasado, una persona se consideraba muerta cuando el cerebro dejaba de funcionar, cuando ya no había actividad cerebral detectable durante un tiempo determinado.

Definición de Muerte Cerebral:

La determinación uniforme de la muerte (DUM) fue establecida en el año 1980 por The National Commission on Uniform State Laws, para sentar "las bases comprensivas para determinar la muerte en todas las circunstancias". En ese entonces, se determinó el siguiente criterio:
"Cuando una persona:

1. Ha tenido cesación de todas sus funciones respiratorias y circulatorias.
2. Ha tenido una cesación irreversible de todas sus funciones del cerebro. La determinación de la muerte cerebral debe de hacerse de acuerdo con la aceptación de los médicos".

Según el Dorlan's Illustrated Medical Dictionary (2012), la muerte es la cesación de la vida, la cesación permanente de todas las funciones vitales del cuerpo. Debido a razones médicas y legales, la siguiente definición de la muerte ha sido propuesta como una cesación irreversible de los siguientes elementos:

1. La función cerebral es usualmente evaluada por el electroencefalograma (EEG) con línea recta.
2. El funcionamiento espontáneo del sistema respiratorio.
3. El funcionamiento espontáneo del sistema circulatorio.

La muerte cerebral es el daño irreversible que demuestra la falta absoluta a todo estímulo, la falta de actividad espontánea de los músculos, la falta de respiración por treinta minutos; todos con la ausencia de hipotermia o intoxicación, el cual muestra el funcionamiento del sistema nervioso central. A esto también se la llama "muerte cerebral". En muchas sociedades, la muerte no es considerada como el final de la existencia, aunque el cuerpo físico esté muerto, el espíritu continúa vivo. Esta perspectiva religiosa predomina en muchas personas de diferentes culturas.

Según Gesser, G. y colegas (1988), las actitudes psicológicas ante la muerte varían según el ciclo de vida:

A. Durante la infancia: los bebés no tienen idea acerca del concepto de la muerte, aunque es sabido que la muerte de los padres afecta de forma negativa al infante.
B. Niños de tres a cinco años de edad: siguen sin tener clara idea acerca del concepto de la muerte, ellos no se ponen ansiosos cuando les hablan acerca de la muerte de una determinada persona, porque no entienden el carácter irreversible de esto, piensan que la persona va a regresar.
C. Niños de seis a nueve años de edad: tienen una mejor idea acerca de la muerte como algo que puede suceder, y como hecho que le pasa a las personas.
D. Actitud acerca de la muerte durante la adolescencia: la perspectiva de la muerte es considerada como una remota posibilidad que pueda suceder. El adolescente entiende el carácter definitivo, inevitable y el factor absoluto de la muerte.

E. Actitud acerca de la muerte de personas de mediana edad: existe un mejor entendimiento acerca de la muerte cuando envejecen, con los años que quedan y no con los vividos.

F. Actitud acerca de la muerte durante la edad avanzada: en las personas mayores de edad la idea acerca de la muerte es que está más ceca que lejana. La mayoría de las personas que conocen se han muerto, esto supone ser una experiencia cercana con la muerte y ellos pueden manifestarlo.

Duelo:

Fue en 1917 cuando Sigmund Freud introdujo el concepto de *duelo* en su artículo "Lamento y melancolía". Según Freud, el duelo es una reacción natural a la pérdida de un ser amado, por lo tanto esto no debe ser considerado como patológico. La diferencia entre duelo y melancolía es que su sintomatología y evolución son diferentes. El duelo es una reacción a la pérdida de un ser amado, a la pérdida de algo abstracto que alguna vez perteneció, tal como el país de origen, la libertad, las ideas, etcétera. El duelo no es asociado con cosas patológicas porque es una reacción normal a eventos que generalmente son superados con el pasar del tiempo. Durante el periodo del duelo la persona se da cuenta de la pérdida del ser amado, que de verdad se fue, y evita el factor de la realidad. Escapar de la realidad es un síntoma que está marcado por la depresión, la falta de interés por hacer cosas que antes le gustaba hacer, enojo, así como también la inhibición de toda actividad física. Estos síntomas están presentes en la melancolía, aunque en realidad es el poder superar el duelo y que la persona regrese a su estado emocional normal.

Según Bolwby, J. (1961), el duelo es una respuesta consciente a la muerte, mientras que la melancolía es con frecuencia inconsciente, la cual es el resultado de una pérdida que puede ser percibida físicamente, tal como el amor. La melancolía es más complicada debido a la ausencia de la pérdida, que puede ser observada.

Bolwby, J. (1961) describe las cuatro etapas del duelo:

1. **Pérdida de la sensibilidad**: generalmente dura desde algunas horas hasta una semana, y puede ser interrumpida

por intensos episodios de pena y enojo. Si la persona no progresa durante este periodo, entonces tendrá problemas aceptando y entendiendo sus emociones así como también comunicándolas. La persona no progresará el proceso del duelo.

2. **Búsqueda y anhelo por la persona perdida:** el enojo es intenso y tiene la tendencia de aparecer en algunas horas o días. Existen diferentes manifestaciones que son más o menos intensas, tales como la necesidad de buscar a la persona perdida, ir a lugares donde acostumbraba ir, la necesidad de mantener contacto con ciertos objetos, cambios en la rutina del sueño, llorar frecuentemente, etcétera. La necesidad por buscar y recuperar puede ser intensa al principio y luego disminuye a medida que pasa el tiempo.

3. **Desesperación desorganización: y** el reconocimiento intelectual de la pérdida es un desafío para prevenir ciertas manifestaciones y para mantener viva a la persona fallecida. La derrota de tal batalla es el resultado de la falta de energía, y una sensación de fracaso para ayudar a entender la realidad. Sensación de soledad. Bolwby (1961), sugiere que si la persona no progresa durante esta etapa continuará sintiéndose consumido por la cólera, depresión, y su actitud hacia la vida seguirá negativa y sin esperanza de nada.

4. **Reorganización y recuperación:** En esta etapa la fé y la esperanza en la vida comienza a recuperarse. Se establecen nuevos objetivos y patrones de la vida diaria. Lentamente la persona empieza a reconstruir y a darse cuenta que la vida puede ser positiva, inclusive después de la pérdida. lentamente se vuelve a recuperar la confianza. En esta etapa la pena no está completamente resuelta, pero para Bowlby, J. (1961), la pérdida disminuye y se mueve a una sección escondida del cerebro, donde continua su influencia en la persona pero en la parte delantera del cerebro. Kübler-Ross fué influenciada por Bowlby en las cinco etapas que ella desarrolló en su trabajo con pacientes que se morían.

La doctora Kübler-Ross (1969) fue pionera en el desarrollo del apoyo emocional, la consejería y trauma emocional. Kübler-Ross mejoró el entendimiento y la práctica con relación al duelo y la pena (conmoción, enojo, negociación, depresión y aceptación). También se puede relacionar a los cambios de posiciones sociales y decepciones emocionales. La teoría de Kübler-Ross ha sido criticada porque las etapas no siempre aparecen en orden consecutivo, y su proceso no es lineal. También puede haber situaciones donde las personas superan la negación y aceptan la pérdida, así como también en ciertas ocasiones estas etapas no se presentan.

¿Cómo Interviene el Trabajador Social con los Familiares de los **Pacientes?**

Para poder ayudar a los familiares que han sufrido la pérdida de un ser amado, el trabajador social interviene:

1. Estableciendo comunicación. La base para esto constituye el arte de hablar, y especialmente escuchar. Escuchar es lo mismo que percibir, no solamente las palabras, sino también los pensamientos.
2. Dando tiempo y espacio para que la familia pueda expresar su pena y organizar sus pensamientos.
3. Organizando reuniones con el personal médico. La comunicación con el personal médico es la mejor manera de obtener información para que los familiares puedan hacer preguntas y tomar decisiones.
4. Coordinando reuniones con los miembros de la familia para prepararse y hacer preguntas.
5. Dando apoyo emocional, psicoterapia y hablando acerca de temas relacionados con la muerte si es necesario. Los trabajadores sociales están preparados para dar apoyo emocional y psicoterapia.
6. Obteniendo información acerca de los servicios que están disponibles en la comunidad para compartirla con los familiares.

Existe la necesidad de mantener una cercana comunicación con los familiares de los pacientes admitidos en el hospital. Los obstáculos deben ser superados proporcionando intervenciones que sean efectivas, especialmente con aquellas personas que no hablan inglés. Serios obstáculos para una buena comunicación incluyen las diferentes actitudes acerca de la atención médica, y los malentendidos pueden interferir con la comunicación. Tales malentendidos se pueden superar cuando el trabajador social es culturalmente consciente y puede asegurar una comunicación eficiente con los pacientes, familiares y el personal médico.

Bases para la práctica de Trabajo Social en cuidados Paliativos según el Código de Ética de la National Association of Social Workers (NASW):

1. **Ética y Valores**: los valores, la ética y las bases para ambos, la profesión y la bioética contemporánea deben servir como guía a los trabajadores sociales que laboran en cuidados paliativos.

2. **Conocimient**o: el trabajador social en cuidados paliativos debe demostrar conocimiento de trabajo de los factores teóricos y psicosociales, que son esenciales para la práctica efectiva con pacientes, familiares y otros profesionales de la salud.

3. **Evaluación:** el trabajador social al evaluar a pacientes y familiares debe incluir información que sea comprensiva para así poder desarrollar planes de intervención y tratamiento.

4. **Intervención:** el trabajador social debe incorporar evaluaciones de desarrollo e implementación de planes de intervención que aumenten las habilidades de los pacientes y familiares en tomar decisiones médicas.

5. **Actitudes:** el trabajador social en cuidados paliativos debe demostrar una actitud de compasión y sensibilidad con los pacientes y sus familiares, respetando sus decisiones con respecto al curso del tratamiento. El trabajador social debe estar consciente de sus propias creencias, valores, sentimientos y cómo su personalidad y actitud pueden influenciar en su intervención.

6. **Poder y Abogar:** el trabajador social debe abogar por las necesidades, decisiones y derechos de los pacientes y sus familiares; también debe participar en acciones sociales

y políticas que busquen asegurar que los pacientes y sus familiares tengan acceso a los recursos disponibles para sus necesidades médicas y emocionales.

Trabajo Social Interdisciplinario:

El trabajador social en la UCI debe ser parte de un esfuerzo interdisciplinario para promover servicios de intervención de crisis y de cuidados paliativos. De la misma manera, el trabajador social debe colaborar con el personal médico y abogar por los derechos de los pacientes. El razonamiento para la participación y colaboración se basa en el reconocimiento de la complejidad de los problemas humanos, el nivel de conocimiento y destrezas de intervención que son necesarias para poder lograr resultados positivos (Abramson, J., y Mizrahi, T.,1996).

Los trabajadores sociales deben tener y deben continuar desarrollando conocimientos acerca de la historia, las tradiciones, los valores y sistemas familiares cuando son relacionados con los cuidados paliativos con personal de diferentes grupos étnicos y culturales. El trabajador social intensifica la efectividad del personal médico, al compartir conocimientos acerca de la cultura e historia de un determinado paciente. Cultura y tradiciones son componentes importantes de los cuidados paliativos. Es también importante para el paciente y sus familiares poder compartir estas tradiciones con el trabajador social y con el personal médico al comienzo de la admisión en el hospital o en la UCI. Una buena pregunta personal sería: "¿Qué es importante en su cultura que me ayudaría a ofrecerle mejores servicios?". La respuesta a esta pregunta podría ayudar a prevenir malentendidos entre el trabajador social, el personal médico, los pacientes y sus familiares.

Contribución de Práctica:

La intervención y colaboración del trabajador social en la UCI es necesaria para identificar las necesidades psicosociales de los pacientes y promover la creación y mantenimiento del apoyo social.

Los administradores de programas de trabajo social deben reconocer esta necesidad y ayudar a los trabajadores sociales a demostrar y comunicar su capacidad y destrezas al personal médico.

Implicaciones para la Política Social:

Existe la necesidad de informar y educar a los profesionales y a los administradores de los hospitales acerca de las funciones que el trabajador social desempeña en el hospital, en este caso, en la Unidad de Cuidados Intensivos. Como cualquier miembro del personal interdisciplinario, el trabajador social es responsable de cooperar con los esfuerzos y adelantos, y mantener el bienestar de la UCI. El trabajador social demuestra, en el contexto de la orientación de intervención de cuidados paliativos, la habilidad de hacer una diferencia, especialmente cuando los pacientes, aparte de tener enfermedades terminales, también tienen problemas psicosociales.

Conclusión:

En resumen, las intervenciones del trabajador social en la UCI son importantes por las siguientes razones:

1. Identifica problemas psicosociales de los pacientes.
2. Provee intervención de crisis y cuidados paliativos a los pacientes y a los familiares.
3. Identifica y controla situaciones problemáticas.
4. Ayuda a que el personal médico dedique más tiempo atendiendo a los pacientes.
5. Promueve efectividad del personal médico.
6. Promueve satisfacción de servicios por parte de los pacientes y familiares.
7. Provee intervenciones para el alivio de síntomas de dolor y reduce el riesgo de tensión emocional.
8. Valoriza la efectividad de la intervención de cuidados paliativos.

Todas estas ventajas adquiridas por la intervención del trabajador social en la UCI tienen la posibilidad de ser económicas para el hospital, y promover la salud mental de los pacientes y sus familiares. Personas fuera de la profesión de trabajo social pueden no tener conocimiento acerca de las destrezas del trabajador social. Los administradores del hospital pueden limitar a que la intervención del trabajador social sea concreta y, de esa manera, puede fracasar en intervenir eficazmente. La falta de conocimiento de lo que los trabajadores sociales hacen por parte del personal médico puede crear conflictos de colaboración en el suministro de servicios. La intervención eficiente del trabajador social en la UCI depende, en parte, en cómo otros profesionales perciben al trabajador social y también a la profesión.

El reto para la profesión y los trabajadores sociales es el poder demostrar la relevancia de su capacidad y destrezas clínicas para mejorar el tratamiento de los pacientes y, a la misma vez, atender las necesidades emocionales de los familiares. Los trabajadores sociales deben contribuir desarrollando iniciativas de investigación, también deben promover el conocimiento entre colegas de otras profesiones acerca de la importancia de identificar y comunicar las necesidades emocionales y psicosociales de los pacientes y sus familiares. Los trabajadores sociales deben entender que desempeñan una función importante al identificar la tensión emocional y las reacciones de ansiedad en los familiares de los pacientes.

Bibliografía

Abramson, J. S. y Mizrahi, T. (1996). When Social Workers and Physicians Collaborate: positive and negative interdisiplinary experiences. Journal of the National Association of Social Workers, 4, 2-28.

Aguilera, D. C., Messick, J. M. (1994). Crisis Intervention: Theory and Methodology. St. Luis: C.V. Mosby Co. pp. 631.

Beauchamp, Tom, l. y Childres, J. F. (1994(. Principles of biomedical ethics 4th.ed. New York: Oxford University Press.

Bowlby, J. (1961). Process of Mourning. International Journal of Psychoanalysis, 42, 317-339.

Willam alexander Newman Dorland (2012). Dorlan's Illustrated Medical Dictionary. https//books.google.com/books?id

Ell, K. (1995). Crisis Intervention. Research Needs. Encyclopedia of Social Work, 18th ed. Pp. 660-665. Washington DC: NASW Press.

Gesser, G., Wong, P. T. P., y Reker, G. T. (1988). Death attitudes across the life span: the development validation of the Death attitude. Profile (DAP). Omega, 18, 113-128.

Kübler-Ross, E. (1969). On Death and dying: what the Dying have to teach to Doctors, Nurses, Clergy, and their families. Publisher: Simon & Scuster Adult Publishing Group. Edition Number 1.

Manzini, J. L. (2000). Helsinki Statement Ethical Principles for Research Medicine about Human Subjects. Acta Bioethica, 6, 321-334.

National Association of Social Workers (2000). Code of Ethics of the Naional Association of Social Worker. Washington, D C; Author.

Nuland, Sherwin, B. (1995). How We Die: Reflections of Life's Final Chapter, New Edition.

World health Organization (2003). WHO Definition of Palliative Care.

www.ingramcontent.com/pod-product-compliance
Lightning Source LLC
Chambersburg PA
CBHW020532290526
45786CB00002B/838